高等职业教育会计专业富媒体智能型
工学结合系列教材

Cost Accounting and Management Exercise and Training

成本核算与管理
习题与实训

田家富 主编

东北财经大学出版社
Dongbei University of Finance & Economics Press
大连

图书在版编目（CIP）数据

成本核算与管理习题与实训 / 田家富主编. —大连 ：东北财经大学出版社，2021.3
（高等职业教育会计专业富媒体智能型 · 工学结合系列教材）
ISBN 978-7-5654-4050-2

Ⅰ. 成…　Ⅱ. 田…　Ⅲ. 成本计算　Ⅳ. F231.2

中国版本图书馆CIP数据核字（2021）第035676号

东北财经大学出版社出版
（大连市黑石礁尖山街217号　邮政编码　116025）
网　址：http：//www.dufep.cn
读者信箱：dufep@dufe.edu.cn
大连永发彩色广告印刷有限公司印刷　东北财经大学出版社发行

幅面尺寸：185mm×260mm　字数：157千字　印张：8.25
2021年3月第1版　2021年3月第1次印刷
责任编辑：王天华　周　慧　责任校对：慧　心
封面设计：冀贵收　版式设计：原　皓

定价：20.00元

教学支持　售后服务　联系电话：（0411）84710309

如有印装质量问题，请联系营销部：（0411）84710711

前　言

本书是与东北财经大学出版社出版的《成本核算与管理》配套使用的同步辅助用书。本书内容紧扣主教材，按照主教材的项目及任务顺序编写。习题与实训的设计是以任务为单元，每个任务下均包括单项选择题、多项选择题、判断题、技能训练等内容。通过大量练习，多角度训练学生的专业能力，加深学生对成本核算与管理理论的理解，培养学生的成本核算能力，提高学生的成本核算技能和分析问题、解决问题的能力。

本书由襄阳职业技术学院田家富教授担任主编；襄阳职业技术学院吕均刚、王文毅，襄阳市襄城区职业高级中学袁芳担任副主编。具体编写分工如下：项目一由王文毅、高坤、刘姝编写；项目二由田家富、赵曦编写；项目三由吕均刚、郑辉编写；项目四由张霄、黄先酉编写；项目五由袁芳、闻乐剑、阮敏编写；项目六由王文毅、宋青梅、高坤编写；项目七由吕均刚、杨柳编写。最后，由田家富、吕均刚、王文毅和袁芳修改、统稿，总纂成书。

本书在编写过程中参考和借鉴了同行的相关成果，并得到了东北财经大学出版社的大力支持。由于作者水平有限，书中缺点和疏漏之处在所难免，敬请读者批评指正。

编　者

2021年2月

目　录

项目一　认识成本会计 / 001

任务一　成本与成本会计 / 003
任务二　成本核算对象 / 005
任务三　成本核算组织、程序和账户设置 / 006

项目二　要素费用的归集与分配 / 009

任务一　材料费用的归集与分配 / 011
任务二　外购动力费用的归集与分配 / 013
任务三　职工薪酬的归集与分配 / 015
任务四　折旧费用和其他支出的归集与分配 / 018

项目三　综合费用的归集与分配 / 023

任务一　辅助生产费用的归集与分配 / 025
任务二　制造费用的归集与分配 / 030
任务三　废品损失的归集与分配 / 034
任务四　停工损失的归集与分配 / 038

项目四　产品成本在完工产品与在产品之间的分配 / 041

任务一　在产品数量的确定 / 043
任务二　生产费用在完工产品与在产品之间的分配 / 044
任务三　完工产品成本的结转 / 053

项目五　产品成本计算的基本方法 / 057

任务一　产品成本计算的品种法 / 059
任务二　产品成本计算的分批法 / 071
任务三　产品成本计算的分步法 / 077

项目六 产品成本计算的辅助方法 / 097

任务一 产品成本计算的分类法 / 099
任务二 产品成本计算的定额法 / 102

项目七 成本管理 / 107

任务一 成本管理指引 / 109
任务二 成本管理工具 / 110

项目八 成本报表的编制与分析 / 115

任务一 成本报表的编制 / 117
任务二 成本分析 / 120

项目一

认识成本会计

任务一　成本与成本会计

一、单项选择题（下列各题的备选答案中，只有一个是正确的，请将正确答案的字母填在括号内）

1.在实际工作中，产品成本一般是指企业生产一定种类、一定数量的产品所支出的各项（　　）。

A.生产费用之和　　B.生产经营管理费用总和

C.经营管理费用总和　　D.料、工、费及经营管理费用总和

2.下列各项属于费用的是（　　）。

A.购买固定资产　　B.支付职工工资

C.分配现金股利　　D.偿还借款

3.下列各项属于产品成本项目的是（　　）。

A.“外购材料费用”　　B.“职工工资”

C.“制造费用”　　D.“折旧费用”

4.下列各项不能计入产品生产成本的费用是（　　）。

A.燃料和动力　　B.生产工人工资及福利费

C.车间管理人员的工资及福利费　　D.管理费用

5.下列各项可以计入“直接材料”成本项目的材料费用是（　　）。

A.为组织管理生产耗用的机物料　　B.生产过程中间接耗用的材料

C.直接用于生产过程的原材料　　D.为组织管理生产耗用的低值易耗品

6.制造费用是指生产过程中发生的（　　）。

A.直接计入费用

B.间接计入费用

C.应计入产品成本的各项生产费用

D.应计入产品成本、未专设成本项目的各项间接费用

7.用于生产产品且构成产品实体的原材料费用，应记入（　　）账户。

A.“基本生产成本”　　B.“制造费用”

C.“废品损失”　　D.“销售费用”

8.下列各项是指几种产品共同耗用的，而且不能直接分清哪种产品耗用了多少费用，需按一定的标准进行分配计入不同产品成本费用的是（　　）。

A.直接费用　　B.直接计入费用

C.间接费用　　D.间接计入费用

9.企业可以根据生产特点和管理要求，单独设置“停工损失”“废品损失”项目，发生较少的也可以并入（　　）进行核算。

A.基本生产成本　　B.辅助生产成本

C.制造费用　　D.管理费用

10.下列各项不属于生产费用按经济内容进行分类的是（　　）。

A.外购材料　　B.业务招待费　　C.折旧费　　D.职工薪酬

11.工业企业的各种费用按其经济用途分类，其主要作用在于（　　）。

A.可以反映在一定时期内总共发生了哪些费用，数额各是多少

B.可以为编制企业的材料采购资金计划和劳动工资计划提供资料

C.可以为企业核定储备资金定额和考核储备资金流转速度提供资料

D.可以说明企业费用的具体用途，有利于核算与监督产品消耗定额和费用预算的执行情况，有利于加强成本管理和成本分析

二、多项选择题（下列各题的备选答案中，有两个或两个以上的答案是正确的，请将正确答案的字母填在括号内）

1.成本的作用主要表现在（　　）。

A.是补偿生产耗费的尺度

B.是企业对外报告的主要内容

C.是综合反映企业生产技术、经营管理水平的重要指标

D.是制定商品价格的依据和进行经营决策的重要依据

2.期间费用主要包括（　　）。

A.管理费用　　B.财务费用

C.销售费用　　D.制造费用

3.下列各项属于费用按经济用途分类的有（　　）。

A.制造费用　　B.直接材料

C.直接人工　　D.燃料和动力

4.工业企业费用要素中的外购材料，是指企业耗用的一切从外部购进的（　　）。

A.主要材料　　B.辅助材料

C.气体燃料　　D.半成品

5.制造费用（　　）。

A.可能是间接计入费用　　B.可能是直接计入费用

C.一定是间接计入费用　　D.一定是直接计入费用

6.下列各项应当计入财务费用的有（　　）。

A.利息支出　　B.汇兑损失

C.财务部门办公费　　D.借款手续费

7.下列各项属于制造费用项目的有（　　）。

A.生产车间的办公费　　B.生产车间的设备维修费

C.生产车间管理人员的工资　　D.生产设备的折旧费

三、判断题（正确的打“√”，错误的打“×”）

1.成本会计的监督包括事前、事中和事后监督。（　　）

2.对实际发生的生产经营耗费进行反映，提供实际的成本资料，是成本会计提供成本信息的基础。（　）

任务二　成本核算对象

一、单项选择题（下列各题的备选答案中，只有一个是正确的，请将正确答案的字母填在括号内）

多步骤连续加工的产品，以（　）为成本核算对象。

A.产品品种　B.每批产品

C.每种产品及各个生产步骤　D.每件产品

二、多项选择题（下列各题的备选答案中，有两个或两个以上的答案是正确的，请将正确答案的字母填在括号内）

1.为了正确计算产品成本，必须正确划分（　）。

A.各种产品的费用界限　B.完工产品和在产品的费用界限

C.盈利产品和亏损产品的费用界限　D.各个月份的费用界限

2.制造业按生产组织来划分，可以分为（　）。

A.大量生产　B.分批生产　C.单件生产　D.复杂生产

3.企业一般根据（　）来选择适当的成本计算方法。

A.生产特点　B.管理要求　C.客户需求　D.技术水平

4.要素费用中的薪酬费用可能记入的会计科目有（　）。

A.“制造费用”　B.“销售费用”　C.“财务费用”　D.“生产成本”

三、判断题（正确的打“√”，错误的打“×”）

1.企业在生产经营中发生的所有支出称为费用。（　）

2.《企业产品成本核算制度（试行）》规定：企业由于季节性停工、正常生产周期修理停工等正常停工的损失计入当期损益。（　）

3.因为材料是产品成本的组成部分，所以企业各部门领用的材料都应计入产品成本。（　）

4.以产品品种作为成本核算对象来归集生产费用、计算产品成本的方法称为品种法。（　）

5.企业销售商品时出现的商业折扣应计入销售费用。（　）

6.资本支出通常先确认为资产，然后在其使用期内，通过折旧、摊销等形式逐步分摊转作费用，也可以直接计入当期损益。（　）

7.自然灾害造成的损失，与生产经营无关，属于非营业性支出，所以不能作为企业的成本或费用。（　）

8.固定资产折旧费是产品成本的组成部分，应该全部计入产品成本。（ ）

9.生产人员、车间管理人员的工资及福利费，是产品成本的重要组成部分，应计入各种产品的成本。（ ）

10.用于产品生产、照明、取暖的动力费用，应计入各种产品成本明细账的“燃料和动力”成本项目。（ ）

任务三 成本核算组织、程序和账户设置

一、单项选择题（下列各题的备选答案中，只有一个是正确的，请将正确答案的字母填在括号内）

1.集中核算方式和分散核算方式是指（ ）的分工方式。

A.企业内部各级成本会计机构　　B.企业内部成本会计职能

C.企业内部成本会计对象　　D.企业内部成本会计任务

2.“生产成本”“制造费用”账户一般采用（ ）格式。

A.三栏式　　B.多栏式

C.数量金额式　　D.横线登记式

3.制造企业为本企业基本生产车间及其他部门提供的产品或劳务的生产一般通过（ ）账户核算。

A.“基本生产成本”　　B.“辅助生产成本”

C.“制造费用”　　D.“制造成本”

4.分散工作方式通常适用于（ ）。

A.管理比较规范的企业

B.管理水平较低的企业

C.成本会计工作比较简单的小型企业

D.成本会计工作比较复杂的大中型企业

二、多项选择题（下列各题的备选答案中，有两个或两个以上的答案是正确的，请将正确答案的字母填在括号内）

1.企业要根据（ ）合理设置成本会计机构。

A.生产类型的特点　　B.经营规模的大小

C.企业行业标准　　D.成本管理的要求

2.在成本会计的基础工作中，要建立健全的原始记录主要包括（ ）。

A.材料物资方面的原始记录　　B.劳动资源方面的原始记录

C.设备使用方面的原始记录　　D.费用开支方面的原始记录

3.设置明细账的依据包括（ ）。

A.成本核算对象　　B.成本项目

C.期间费用的种类　　D.期间费用项目

4.“基本生产成本”账户用来核算企业生产的（　　）的各项生产费用。

A.完工产品　　B.自制半成品

C.提供劳务　　D.自制工具

三、判断题（正确的打“√”，错误的打“×”）

1.成本会计机构必须单独设置，不能并入企业会计机构之中。（　　）

2.成本核算程序是指从产品生产准备开始，到计算出完工产品总成本和单位成本的整个成本计算步骤。（　　）

3.在单件小批生产的情况下，通常在每一批产品完工后才能计算出成本，这使其成本计算期具有不定期的性质，但与生产周期一致。（　　）

4.对制造费用发生额较少的辅助生产车间，或生产单一产品的基本生产车间，可以不设置制造费用明细账。（　　）

5.“制造费用”账户期末一定无余额。（　　）

项目二

要素费用的归集与分配

任务一　材料费用的归集与分配

一、单项选择题（下列各题的备选答案中，只有一个是正确的，请将正确答案的字母填在括号内）

1.生产车间直接用于产品生产，并构成该产品实体的材料费用应记入的会计科目是（　　）。

A.“基本生产成本”　　B.“制造费用”

C.“辅助生产成本”　　D.“直接材料”

2.生产车间直接用于产品生产，并构成该产品实体的材料费用应计入的成本项目是（　　）。

A.“基本生产成本”　　B.“制造费用”

C.“辅助生产成本”　　D.“直接材料”

3.按产品材料定额成本比例分配法分配材料费用时，其适用的条件是（　　）。

A.产品的产量与所耗用的材料有密切的联系

B.产品的重量与所耗用的材料有密切的联系

C.产品的价值与所耗用的材料有密切的联系

D.各项材料消耗定额比较准确、稳定

4.在多种产品共同耗用若干种材料的情况下，材料费用的分配适合采用（　　）。

A.产品产量比例分配法　　B.产品重量比例分配法

C.定额耗用量比例分配法　　D.定额成本比例分配法

二、多项选择题（下列各题的备选答案中，有两个或两个以上的答案是正确的，请将正确答案的字母填在括号内）

1.企业发生的各种材料费用，按受益的原则进行归集，分别记入（　　）科目的借方。

A.“基本生产成本”　　B.“管理费用”

C.“制造费用”　　D.“销售费用”

2.企业发生的下列费用，可以直接记入“基本生产成本”科目的有（　　）。

A.车间照明用电费　　B.构成产品实体的原材料费用

C.车间管理人员工资　　D.车间生产人员工资

3.计入产品成本的各种材料费用，按其用途分配，应记入（　　）科目的借方。

A.“基本生产成本”　　B.“管理费用”

C.“制造费用”　　D.“销售费用”

4.生产领用的材料被多种产品耗用且不能分清每种产品的消耗数量时，将材料费用在各种产品中进行分配可采用的分配方法有（　　）。

A.定额耗用量比例分配法　　B.产品产量比例分配法
C.产品重量比例分配法　　D.定额成本比例分配法

三、判断题（正确的打“√”，错误的打“×”）

1.材料费用的分配一般是通过编制材料费用分配表进行的。（　）
2.凡不应计入产品成本的支出，全部作为营业外支出处理。（　）
3.在多种产品共同耗用几种材料的情况下，材料费用适合采用定额成本比例分配法进行分配。（　）
4.在实际工作中，哪些费用应计入产品成本，哪些费用不应计入产品成本，由企业自行决定。（　）

四、技能训练

（一）

【目的】练习按产品重量比例分配法分配材料费用。

【资料】某生产车间2020年5月份生产A、B两种产品，共耗用甲材料1 800千克，每千克12元。本月生产的A产品的重量为1 200千克，B产品的重量为2 000千克。

【要求】按产品重量比例分配法分配材料费用。

（二）

【目的】练习按产品产量比例分配法分配材料费用。

【资料】某生产车间2020年5月份生产C、D两种产品，共耗用乙材料2 000千克，每千克60元。本月共生产C产品300件、D产品100件。

【要求】按产品产量比例分配法分配材料费用。

（三）

【目的】练习按定额耗用量比例分配法分配材料费用。

【资料】某生产车间2020年5月份生产A、B两种产品，共同领用丙材料64 320千克，每千克5元。本月生产A产品5 500件，单位材料消耗定额为4.2千克；本月生产B产品4 750件，单位材料消耗定额为3.6千克。

【要求】按定额耗用量比例分配法分配材料费用。

（四）

【目的】练习按产品材料定额成本比例分配法分配材料费用。

【资料】某生产车间2020年5月份生产A、B两种产品，领用甲、乙两种材料，实际成本总计为83 100元。本月投产A产品20件、B产品10件。A产品材料消耗定额为：甲材料5千克，乙材料8千克；B产品材料消耗定额为：甲材料7千克，乙材料9千克。甲、乙两种材料的单价分别是12元和14元。

【要求】按产品材料定额成本比例分配法分配材料费用。

任务二　外购动力费用的归集与分配

一、单项选择题（下列各题的备选答案中，只有一个是正确的，请将正确答案的字母填在括号内）

企业生产耗用的动力费用，一般与燃料费用一起计入产品成本的“燃料和动力”成本项目；当动力费用在产品成本中所占比重不大时，可将其计入的成本项目是（　　）。

A.“直接材料”　　B.“燃料和动力”

C.“直接人工”　　D.“制造费用”

二、多项选择题（下列各题的备选答案中，有两个或两个以上的答案是正确的，请将正确答案的字母填在括号内）

企业外购动力费的分配，在无仪表的情况下，可按（　）进行。

A. 生产工时比例　　B. 定额消耗量比例

C. 机器工时比例　　D. 直接材料费用比例

三、判断题（正确的打“√”，错误的打“×”）

1. 车间用电费用一般在各受益对象之间按生产工时、定额耗电量或其他比例进行归集与分配。（　）

2. 在实际工作中，支付动力费用的日期与计算分配动力费用的日期可能不一致，为简化核算工作，企业分配动力费用时，一般通过“应付账款”账户核算，支付动力费用时冲减“应付账款”科目。（　）

四、技能训练

【目的】练习外购电力费用的归集与分配。

【资料】某厂2020年11月外购电力费用26 000元，以银行存款支付。根据各专用电表计量：产品生产用电18 000元，车间一般照明用电3 600元，企业管理部门用电4 400元。该厂生产甲、乙、丙三种产品，三种产品实际生产工时分别为20 000小时、30 000小时和10 000小时。

【要求】根据上述资料编制外购动力费用分配表（见表2-1），并编制相关会计分录。

表2-1　外购动力费用分配表

2020年11月　　金额单位：元

应借科目		成本或费用项目	分配计入的动力费用			直接计入的动力费用	合计
			生产工时（小时）	分配率	金额		
基本生产成本	甲产品	燃料和动力					
	乙产品	燃料和动力					
	丙产品	燃料和动力					
	小计						
制造费用		水电费					
管理费用		水电费					
合计							

任务三　职工薪酬的归集与分配

一、单项选择题（下列各题的备选答案中，只有一个是正确的，请将正确答案的字母填在括号内）

1.下列各项不属于职工薪酬的是（　　）。

A.短期薪酬　B.带薪缺勤　C.辞退福利　D.差旅费

2.在生产人员技术等级相差悬殊的情况下，对班组集体计件工资的分配适合采用的分配标准是（　　）。

A.计时工资　B.计件工资

C.实际工作时数　D.直接材料耗用量

3.下列各项中，不应计入“直接人工”成本项目的是（　　）。

A.产品生产工人的工资

B.车间主任的薪酬

C.按产品生产工人的工资比例计提的五险一金

D.产品生产工人的节约奖

二、多项选择题（下列各题的备选答案中，有两个或两个以上的答案是正确的，请将正确答案的字母填在括号内）

1.下列各项属于特殊情况下支付的工资的有（　　）。

A.病假支付　B.工伤支付

C.探亲支付　D.婚假支付

2.下列各项工资计算的原始记录主要有（　　）。

A.工资卡　B.考勤记录

C.产量记录　D.工时记录

3.在月薪制下计算日工资率时，通常可用月标准工资除以下列各项中的（　　）。

A.20.83天　B.21.75天

C.30天　D.31天

4.下列各项人员的薪酬，应由产品成本负担的有（　　）。

A.行政管理人员　B.医务人员

C.生产工人　D.车间管理人员

三、判断题（正确的打“√”，错误的打“×”）

1.在采用月标准工资除以30天计算日工资薪金的方法时，缺勤期间的节假日照发工资薪金。（　　）

2.计算计件工资的产品产量包括合格品和不是由工人过失造成的不合格产品（例如

料废品）数量，但不包括由工人过失造成的不合格产品（例如工废品）数量。（　　）

3.集体计件工资是以集体为单位的计件工资形式，适用于生产工艺要求集体完成，无法直接计算个人完成产品的数量的工种。（　　）

4.按实际工作时数作为分配标准进行集体计件工资的分配，能体现技术因素。（　　）

5.企业一般以产品生产所耗用的生产工时作为分配标准进行职工薪酬的分配。（　　）

四、技能训练

（一）

【目的】练习月薪制下应付工资的计算。

【资料】职工张华月标准工资为3 750元。2020年7月共有9个休息日，张华请病假6天，本月出勤16天。张华本月奖金为200元，津贴和补贴为260元，病假支付标准为标准工资的80%。

【要求】按照固定日数30天和20.83天分别运用两种方法计算张华本月的应付工资。

（1）按30日计算日工资率。

①按出勤天数乘以日工资率计算。

②按月标准工资扣除缺勤工资计算。

（2）按20.83日计算日工资率。

①按出勤天数乘以日工资率计算。

②按月标准工资扣除缺勤工资计算。

（二）

【目的】练习个人计件工资的计算。

【资料】职工王某6月份加工甲、乙两种产品，加工甲产品300件、乙产品150件。验收时发现甲产品有废品30件，其中料废10件、工废20件；乙产品全部合格。该职工的小时工资率为8元，甲产品的定额工时为0.5小时，乙产品的定额工时为1小时。

【要求】计算王某本月份的应付计件工资。

（三）

【目的】练习集体计件工资的计算。

【资料】某小组共有职工4人，本月份共生产甲产品1 846件，每件产品的计件单价为20元，4名职工的工作天数分别为：甲职工27天，乙职工24天，丙职工23天，丁职工26天。

【要求】计算该小组应得的计件工资，并按实际工作天数计算每名职工应得的计件工资，填入表2-2中。

表2-2　　计件工资分配表　　金额单位：元

职工姓名	实际工作天数（天）	计件工资分配率	应付计件工资
甲			
乙			
丙			
丁			
合计			

（四）

【目的】练习人工成本的分配。

【资料】某企业一生产车间2020年12月发生生产工人工资360 000元，共生产三种产品。三种产品的生产工时分别为：甲产品2 000小时，乙产品4 000小时，丙产品

3 000小时。

【要求】按生产工时比例计算每种产品应分配的工资费用，填入表2-3中。

表2-3 职工薪酬费用分配表

2020年12月 金额单位：元

分配对象	分配标准（生产工时）	分配率	分配金额
甲产品			
乙产品			
丙产品			
合计			

任务四 折旧费用和其他支出的归集与分配

一、单项选择题（下列各题的备选答案中，只有一个是正确的，请将正确答案的字母填在括号内）

1. 下列各项固定资产应在本月计提折旧费用的是（ ）。

A. 以经营租赁方式租入的房屋

B. 本月内购进的机器设备

C. 已提足折旧仍在使用的设备

D. 本月减少的设备

2. 下列各项耗费支出不能计入产品成本的是（ ）。

A. 支付的房产税、车船税　　B. 外购燃料支出

C. 外购辅助材料支出　　D. 生产设备折旧费

二、多项选择题（下列各题的备选答案中，有两个或两个以上的答案是正确的，请将正确答案的字母填在括号内）

下列各项税费应记入“税金及附加”科目的有（ ）。

A. 房产税　　B. 车船税

C. 城镇土地使用税　　D. 印花税

三、判断题（正确的打“√”，错误的打“×”）

1. 固定资产折旧费是产品成本的组成部分，应该全部计入产品成本。（ ）

2. 对于要素费用中的利息费用，符合资本化条件的计入制造费用、在建工程、研发支出，不符合资本化条件的计入财务费用。（ ）

四、技能训练

【目的】掌握要素费用的核算。

【资料】振华公司仅生产A、B两种产品，2020年11月初分别投产A、B两种产品300件、200件。11月份有关资料如下：

（1）共同耗用甲材料58 800千克，该材料单位计划成本为10元，A、B产品的单位消耗定额分别为4千克、8千克。车间一般耗用材料8 000元。

（2）A、B产品共同耗用的燃料费用为59 976元。

（3）A、B产品共同耗用的电力费用为97 200元，A、B产品的单位生产工时分别为100小时、120小时。车间照明等用电6 000元。

（4）应付职工薪酬为300 000元，其中：生产A、B产品的工人工资薪金分别为80 000元、120 000元；车间管理人员工资薪金为30 000元；企业管理人员工资薪金为70 000元。

（5）生产车间固定资产折旧费为60 000元，办公费为40 000元。

【要求】

（1）根据产品材料定额耗用量比例分配材料费用，并编制会计分录。

（2）根据A、B产品耗用的材料费用比例分配燃料费用，并编制会计分录。

（3）根据A、B产品的生产工时分配电力费用，并编制会计分录。

（4）根据资料（4）编制分配职工薪酬的会计分录。

（5）根据资料（5）编制计提折旧、支付办公费的会计分录。

（6）根据生产工人工资薪金比例分配制造费用，并编制会计分录。

（7）根据会计分录登记基本生产成本明细账（见表2-4和表2-5）。

表 2-4　　基本生产成本明细账

产品名称：

投产数量：　　　　　　　　　　　　　　　　　　　　　　　　金额单位：元

年		凭证		摘　要	成本项目				合计
月	日	字	号		直接材料	直接人工	燃料和动力	制造费用	

表 2-5　　基本生产成本明细账

产品名称：

投产数量：　　　　　　　　　　　　　　　　　　　　　　　　金额单位：元

年		凭证		摘　要	成本项目				合计
月	日	字	号		直接材料	直接人工	燃料和动力	制造费用	

项目三

综合费用的归集与分配

任务一　辅助生产费用的归集与分配

一、单项选择题（下列各题的备选答案中，只有一个是正确的，请将正确答案的字母填在括号内）

1. 辅助生产费用直接分配法的特点是辅助生产费用（　　）。

A. 直接计入辅助生产提供的劳务成本

B. 直接分配给所有受益的车间、部门

C. 直接分配给辅助生产以外的各受益单位

D. 直接记入“辅助生产成本”科目

2. 辅助生产费用一次交互分配法的交互分配，是指将辅助生产费用首先在企业内部（　　）。

A. 辅助生产车间之间分配

B. 辅助生产车间与销售部门之间分配

C. 辅助生产车间与基本生产车间之间分配

D. 辅助生产车间与行政管理部门之间分配

3. 辅助生产车间完工的修理用备件入库时，应借记的科目是（　　）。

A. “基本生产成本”　　B. “原材料”

C. “辅助生产成本”　　D. “周转材料”

4. 辅助生产费用各种分配方法中计算结果最正确、适用于实行会计信息化企业的是（　　）。

A. 计划分配率法　　B. 一次交互分配法

C. 代数分配法　　D. 直接分配法

5. 在辅助生产费用的计划分配率法中，辅助生产车间实际发生的生产费用与按计划成本分配转出的费用之间的差额，应记入的科目是（　　）。

A. “生产成本”　　B. “制造费用”

C. “管理费用”　　D. “销售费用”

6. 辅助生产费用交互分配后的实际费用，应在有关单位之间进行分配，有关单位指的是（　　）。

A. 辅助生产车间以外的各受益单位　　B. 各辅助生产车间

C. 基本生产车间　　D. 各受益单位

二、多项选择题（下列各题的备选答案中，有两个或两个以上的答案是正确的，请将正确答案的字母填在括号内）

1. 下列各项属于分配辅助生产费用的方法有（　　）。

A. 一次交互分配法　　B. 代数分配法　　C. 定额比例法

D.直接分配法　　　　E.机器工时法

2.辅助生产费用直接分配法适用于（　　）的企业。

A.辅助生产车间相互提供的产品或劳务较少

B.交互分配费用相差不大

C.计划成本基础较好

D.交互分配的辅助生产车间受益程度有明显顺序

3.下列各项属于提供多种劳务的辅助车间的有（　　）。

A.供水车间　　　　B.供电车间

C.工具、模具生产车间　　　　D.机器设备的维修车间

4.在辅助生产费用的分配方法中，有交互分配性质的有（　　）。

A.一次交互分配法　　　　B.代数分配法

C.顺序分配法　　　　D.计划分配率法

三、判断题（正确的打"√"，错误的打"×"）

1.代数分配法的分配结果是最正确的，适用于已经实现信息化的企业。（　　）

2.各种辅助生产费用分配方法的共同点，是在各辅助生产内部进行交互分配。（　　）

3.一次交互分配法考虑了辅助生产车间相互消耗劳务的因素，因而分配的结果是完全符合实际的。（　　）

4.采用顺序分配法分配辅助生产费用时，其顺序应该是受益多的排列在前，受益少的排列在后。（　　）

四、技能训练

（一）

【目的】练习辅助生产费用直接分配法。

【资料】某工业企业设有机修和动力两个辅助生产车间，2020年3月份辅助生产成本明细账发生的辅助生产费用总额如下：动力车间发生费用30 000元；机修车间发生费用24 000元。机修、动力两个辅助生产车间供应产品及劳务数量见表3-1。

表3-1　　辅助生产车间供应产品及劳务数量　　金额单位：元

项　目	机修供应数量（小时）	动力供应数量（度）
机修车间耗用		800
动力车间耗用	500	
产品生产耗用		10 000
车间一般耗用	3 000	1 500
专设销售部门耗用	500	1 000
企业管理部门耗用	800	1 700
合计	4 800	15 000

【要求】采用直接分配法分配辅助生产费用。编制辅助生产费用分配表（见

表3-2)，并编制相关的会计分录。

表3-2 辅助生产费用分配表（直接分配法）

2020年3月 金额单位：元

项目	机修车间			动力车间			合计
	耗用量（小时）	分配率	分配额	耗用量（度）	分配率	分配额	
产品生产耗用							
车间一般耗用							
专设销售部门耗用							
企业管理部门耗用							
合计							

（二）

【目的】练习辅助生产费用一次交互分配法。

【资料】同技能训练（一）资料。

【要求】采用一次交互分配法分配辅助生产费用。编制辅助生产费用分配表（见表3-3），并编制相关的会计分录（分配率保留三位小数）。

表3-3 辅助生产费用分配表（一次交互分配法）

2020年3月 金额单位：元

项目		机修车间			动力车间			合计
		耗用量（小时）	分配率	分配额	耗用量（度）	分配率	分配额	
待分配辅助生产费用								
交互分配	机修车间							
	动力车间							
对外分配辅助费用								
对外分配	产品生产耗用							
	车间一般耗用							
	专设销售部门耗用							
	企业管理部门耗用							
	合计							

（三）

【目的】练习辅助生产费用代数分配法。

【资料】同技能训练（一）资料。

【要求】采用代数分配法分配辅助生产费用。编制辅助生产费用分配表（见表3-4），并编制相关的会计分录。

表3-4　辅助生产费用分配表（代数分配法）

2020年3月　　金额单位：元

项　目	机修车间			动力车间			合计
	耗用量（小时）	分配率	分配额	耗用量（度）	分配率	分配额	
机修车间耗用							
动力车间耗用							
产品生产耗用							
车间一般耗用							
专设销售部门耗用							
企业管理部门耗用							
合计							

（四）

【目的】练习辅助生产费用计划分配率法。

【资料】同技能训练（一）资料。

【要求】假设机修和动力两个车间的计划分配率分别为5.2元和2.2元，采用计划分配率法分配辅助生产费用。编制辅助生产费用分配表（见表3-5），并编制相关的会计分录（辅助生产成本差异记入"管理费用"账户）。

表3-5　辅助生产费用分配表（计划分配率法）

2020年3月　金额单位：元

项　目	机修车间（计划分配率=　）		动力车间（计划分配率=　）		合计
	耗用量（小时）	分配额	耗用量（度）	分配额	
直接发生的费用					
提供的劳务量					
机修车间					
动力车间					
产品生产耗用					
车间一般耗用					
专设销售部门耗用					
企业管理部门耗用					
按计划成本分配合计					
辅助生产实际成本					
辅助生产成本差异					

任务二　制造费用的归集与分配

一、单项选择题（下列各题的备选答案中，只有一个是正确的，请将正确答案的字母填在括号内）

1. 制造费用生产工人工时法适用于（　　）。

A. 季节性生产的车间
B. 工时定额较准确的车间
C. 各种产品生产的机械化程度相差不多的车间
D. 机械化程度不高的车间

2. 下列制造费用分配方法中，“制造费用”账户可能出现余额的是（　　）。

A. 生产工人工时法　　B. 生产工人工资法
C. 机器工时法　　D. 计划分配率法

3. 某公司是季节性生产企业，为正确核算产品成本，应当采用的制造费用分配方法是（　　）。

A. 生产工人工时法　　B. 生产工人工资法
C. 机器工时法　　D. 计划分配率法

4. 某企业本月生产A产品耗用机器工时120小时，生产B产品耗用机器工时180小时。本月发生车间管理人员工资3万元，产品生产人员工资30万元。该企业按机器工时比例分配制造费用。假设不考虑其他因素，本月B产品应分配的制造费用为（　　）万元。

A. 1.2　　B. 1.32　　C. 1.8　　D. 19.8

5. 制造费用的机器工时法适用于（　　）。

A. 产品生产的机械化程度较低的车间
B. 具备各种产品所用机器工时的原始记录
C. 产品生产的机械化程度较高的车间
D. 制造费用的数额较大的车间

二、多项选择题（下列各题的备选答案中，有两个或两个以上的答案是正确的，请将正确答案的字母填在括号内）

1. 下列各项属于制造费用项目的有（　　）。

A. 生产车间的办公费　　B. 生产车间管理用具的摊销
C. 生产车间管理人员的工资　　D. 生产设备的折旧费

2. 按照年度计划分配率分配制造费用，“制造费用”科目月末（　　）。

A. 可能有借方余额　　B. 只有借方余额
C. 可能有贷方余额　　D. 可能没有余额

3. 制造费用的分配方法主要包括（　　）。

A. 生产工人工时法　　B. 生产工人工资法

C. 机器工时法　　D. 计划分配率法

三、判断题（正确的打"√"，错误的打"×"）

1. 制造费用的各种分配方法都使"制造费用"科目期末无余额。（　　）

2. 无论是基本生产车间还是辅助生产车间，都必须设置"制造费用"账户核算制造费用。（　　）

3. 机械化程度相近的产品应负担的制造费用，要按机器工时比例进行分配后计入产品成本。（　　）

四、技能训练

（一）

【目的】练习制造费用生产工人工时法。

【资料】某企业基本生产车间生产甲、乙两种产品，2020年5月发生制造费用36 000元，共耗用生产工时7 500小时，其中：本月甲产品的生产工时为3 000小时，乙产品的生产工时为4 500小时。

【要求】

（1）采用生产工人工时法分配制造费用。

（2）编制制造费用分配表（见表3-6）。

表3-6　　制造费用分配表

车间名称：基本生产车间　　2020年5月　　金额单位：元

产品名称	分配标准（生产工时）	分配率	分配金额
甲产品			
乙产品			
合计			

（3）编制分配制造费用的会计分录。

（二）

【目的】练习制造费用计划分配率法。

【资料】某企业基本生产车间2020年3月全年计划制造费用为163 200元；全年各产品要求的计划产量为：A产品24 000件，B产品18 000件。单位产品工时定额为：A产品4小时，B产品6小时。该车间某月实际产量为：A产品1 200件，B产品1 000件。该月实际发生的制造费用为9 100元。

【要求】

（1）计算年度计划分配率。

（2）按计划分配率分配制造费用。

（3）编制制造费用分配表（见表3-7）。

表3-7 制造费用分配表

车间名称：基本生产车间　　2020年3月　　金额单位：元

应借账户		产品数量（件）	工时定额（小时）	定额工时（小时）	分配金额（分配率：　）
基本生产成本	A产品				
	B产品				
合计					

（4）根据表3-7的计算结果编制会计分录。

（三）

【目的】练习制造费用的分配方法。

【资料】某企业2020年计划制造费用为72 000元，该企业10月实际发生的制造费用为5 500元。2020年该车间全年实际产量为：A产品4 700件，B产品2 950件。本年度实际发生的制造费用为77 840元。该企业生产费用的有关资料见表3-8。

表3-8　生产费用的有关资料

产品	年度计划产量（件）	单位产品定额工时（小时）	10月份实际产量（件）
A产品	5 000	3	400
B产品	3 000	7	200

【要求】

（1）计算10月份A、B产品应负担的制造费用。

（2）编制10月份分配制造费用的会计分录。

（3）计算年末应调整的差异额，并编制相应的会计分录。

任务三　废品损失的归集与分配

一、单项选择题（下列各题的备选答案中，只有一个是正确的，请将正确答案的字母填在括号内）

1. 下列各项中，应确认为可修复废品损失的是（　　）。
A. 返修以前发生的生产费用
B. 可修复废品的生产成本
C. 返修过程中发生的修复费用
D. 可修复废品的生产成本加上返修过程中发生的修复费用

2. 在技术上、工艺上不可修复，或者虽可修复，但所花费的修复费用在经济上是不合算的废品是（　　）。
A. 可修复废品　　B. 不可修复废品
C. 残料废品　　D. 可修复残料

3. 某企业产品入库后发现可修复废品一批，生产成本为14万元，返修过程中发生材料费1万元、人工费用2万元、制造费用3万元，废品残料作价0.5万元已回收入库。假定不考虑其他因素，该批可修复废品的净损失为（　　）万元。
A.5.5　　B.14　　C.19.5　　D.20

4. 产成品入库后，由于管理不善而毁坏变质的损失，应计入（　　）。
A. 废品损失　　B. 管理费用
C. 营业外支出　　D. 生产成本

二、多项选择题（下列各题的备选答案中，有两个或两个以上的答案是正确的，请将正确答案的字母填在括号内）

1. 计算废品净损失时，应考虑的内容有（　　）。
A. 生产过程中发现的不可修复废品的生产成本
B. 可修复废品的修复费用
C. 废品的残值
D. 废品的应收赔款

2. “废品损失”账户借方登记的内容有（　　）。
A. 不可修复废品的生产成本　　B. 回收残料价值
C. 可修复废品的生产成本　　D. 可修复废品的修复费用

3. 可修复废品的确认必须满足的条件有（　　）。

A.经过修理仍不能使用的
B.所花费的修复费用在经济上是合算的
C.经过修理可以使用的
D.所花费的修复费用在经济上是不合算的

4.下列各项不应作为废品损失处理的项目有（ ）。
A.产品销售后发生的修理费用
B.由于仓库保管不善造成的产成品毁损损失
C.可修复废品的生产成本
D.可修复废品的修复费用

三、判断题（正确的打“√”，错误的打“×”）

1.可修复废品与不可修复废品一样都属于废品损失，所以均应计算其生产成本，并从生产成本中转出。 （ ）

2.生产损失是指企业在产品生产过程中或由于生产原因而发生的各种损失，一般包括废品损失和停工损失。 （ ）

3.结转不可修复废品的生产成本时，应借记“废品损失”账户，贷记“生产成本”账户。 （ ）

四、技能训练

（一）

【目的】掌握可修复废品损失的归集与分配。

【资料】某公司第一基本生产车间2020年8月生产A产品600件，生产过程中发现了8件可修复废品。修复8件可修复废品共发生费用如下：原材料费用900元，人工费用700元，制造费用500元。应由过失人赔偿280元。

【要求】对可修复废品发生的费用进行相应的会计处理。

（二）

【目的】掌握不可修复废品损失的归集与分配。

【资料】某工业企业第二基本生产车间本月生产甲产品2 000件，其中不可修复废品20件。合格品与废品共同发生的生产费用为：直接材料280 000元，直接人工85 000元，制造费用64 000元。原材料在生产开始时一次性投入。产品生产工时为：合格品19 900小时，废品100小时。废品残料回收价值为200元。

【要求】

（1）按废品所耗实际费用计算填写不可修复废品损失计算表（见表3-9）。

表3-9 不可修复废品损失计算表

第二基本生产车间：甲产品　　金额单位：元

项目	产量（件）	直接材料	生产工时（小时）	直接人工	制造费用	合计
生产费用总额						
费用分配率						
废品生产成本						
减：残料价值						
废品损失						

（2）编制结转废品成本、残料入库的会计分录。

（3）结转废品净损失的会计分录。

（三）

【目的】练习废品损失的核算方法。

【资料】某工业企业第三基本生产车间2020年10月生产甲产品100件，生产过程中发现1件不可修复废品。甲产品成本明细账归集的生产费用为：直接材料125 000元，直接人工4 875元，制造费用24 375元，合计154 250元。原材料于生产开始时一次性投入。生产工时为：合格品1 505小时，废品120小时，合计1 625小时。废品回收的残料计价为200元。另外，甲产品生产过程中发现2件可修复废品，当即进行修复，耗用原材料200元、工人工资40元、制造费用50元，此外，应向过失人索赔100元。

【要求】

（1）编制不可修复废品损失计算表（见表3-10）。

表3-10　　不可修复废品损失计算表

第三基本生产车间：　　2020年10月　　金额单位：元

项　目	产量（件）	直接材料	生产工时（小时）	直接人工	制造费用	合计
合格品和废品生产费用						
费用分配率						
废品生产成本						
减：残料价值						
废品损失						

（2）编制废品损失归集与结转的会计分录。

任务四 停工损失的归集与分配

一、单项选择题（下列各题的备选答案中，只有一个是正确的，请将正确答案的字母填在括号内）

1.下列各项应计入产品成本的停工损失的是（ ）。

A.由于火灾造成的停工损失

B.应由过失单位赔偿的停工损失

C.季节性和固定资产修理期间的停工损失

D.由于地震造成的停工损失

2.实行包退、包修、包换（“三包”）的企业，在产品出售以后发现的废品所发生的一切损失，在财务上应计入（ ）。

A.废品损失 B.营业外支出

C.管理费用 D.基本生产成本

3.企业停工可以分为正常停工和非正常停工，下列各项不属于正常停工的是（ ）。

A.季节性停工 B.设备故障停工

C.计划内减产停工 D.正常生产周期内修理期间的停工

二、多项选择题（下列各题的备选答案中，有两个或两个以上的答案是正确的，请将正确答案的字母填在括号内）

1.对停工损失进行会计处理时，其可能对应的借方科目有（ ）。

A.“制造费用” B.“其他应收款”

C.“基本生产成本” D.“营业外支出”

2.在“停工损失”账户借方归集的停工损失，可以从该账户贷方转入（ ）账户。

A.“管理费用” B.“其他应收款”

C.“营业外支出” D.“基本生产成本”

3.停工损失包括停工期间发生的（ ）。

A.原材料费用 B.应付工人工资

C.应负担的制造费用 D.福利费

4.对于单独核算停工损失的企业，下列各项期末处理中正确的有（ ）。

A.期末将停工损失从该科目的贷方转出，属于自然灾害的部分转入“营业外支出”科目的借方

B.期末将停工损失从该科目的贷方转出，应由本月产品成本负担的部分转入“制造费用”科目的借方

C.“停工损失”科目月末无余额

D.期末将停工损失直接从该科目的贷方转出记入“营业外支出”科目

三、判断题（正确的打“√”，错误的打“×”）

1.企业发生的停工损失应全部计入当月生产的产品成本中。（　　）

2.因自然灾害发生的停工损失，应记入“营业外支出”科目。（　　）

3.停工损失包括正常停工损失和非正常停工损失。（　　）

4.企业发生的季节性停工和修理期间的正常停工费用，应记入“基本生产成本”账户。（　　）

四、技能训练

【目的】掌握停工损失的归集与分配。

【资料】某公司第三基本生产车间2020年5月3日至6日由于外部供电部门线路铺设问题停工，期间损失材料费用36 000元，支付生产工人工资23 000元，负担的制造费用9 000元。经协商供电部门同意赔偿33 000元。

【要求】根据上述资料，对停工期间发生的费用进行相应的会计处理。

项目四

产品成本在完工产品与在产品之间的分配

任务一　在产品数量的确定

一、单项选择题（下列各题的备选答案中，只有一个是正确的，请将正确答案的字母填在括号内）

1. 下列各项关于在产品的说法，不正确的是（　　）。
   A. 会计上的广义在产品包括已经完工，但尚未办理入库手续的完工产品
   B. 在产品数量的确定是在产品成本核算的前提，既可以通过查找账面获得，也可以通过盘点获得
   C. 一批毁损的在产品成本为5 000元，那么这5 000元应记入“待处理财产损溢”账户
   D. “基本生产成本”账户的期末余额就是期末在产品的成本
2. 进行在产品的日常核算应设置的账簿是（　　）。
   A. 生产成本明细账　　B. 在产品台账
   C. 半成品明细账　　D. 产成品明细账
3. 下列各项不属于企业在产品的是（　　）。
   A. 正在车间加工的在产品
   B. 已完成一个或几个生产步骤，还需要加工的在产品
   C. 对外销售的自制半成品
   D. 待返修的废品

二、多项选择题（下列各题的备选答案中，有两个或两个以上的答案是正确的，请将正确答案的字母填在括号内）

广义的在产品是就整个企业而言的，是指产品生产从投料开始，到最终制成产成品交付验收入库前的一切产品，包括（　　）。

A. 正在加工中的在制品
B. 已经完成一个或几个生产步骤但还需要继续加工的半成品
C. 尚未验收入库的产成品
D. 待返修的废品

三、判断题（正确的打“√”，错误的打“×”）

1. 企业在某一会计期间实际发生的生产费用总和，等于该会计期间完工产品成本的总和。（　　）
2. 在产品就是正在加工的产品。（　　）
3. 在产品盘亏时，应调整账面记录，冲减在产品的账面价值。（　　）
4. 在产品盘点发生毁损时，对该在产品成本连同应负担的增值税税额一并记入“营

业外支出”账户。 （ ）

5.在产品的盘亏不论是何种原因，只能增加制造费用的账面价值。 （ ）

6.在产品清查工作应定期进行，也可以不定期轮流清查，车间没有建立在产品收发日常核算的，应当每天清查一次在产品，以取得在产品的实际盘存资料，用来计算产品成本。 （ ）

四、技能训练

【目的】练习月末对生产成本的处理方法。

【资料】某公司生产一批产品，月初在产品数量为100件，其生产成本为5 000元，本月投产500件，原材料一次性投入，分两道工序加工。该产品归集的生产成本为26 000元，其中加工成本为6 000元，材料成本为20 000元。假设月末该产品的完工情况有三种：（1）产品全部完工；（2）产品全部未完工；（3）有400件完工产品，200件在产品。

【要求】分析上述三种情况下月末对生产成本的处理。

任务二　生产费用在完工产品与在产品之间的分配

一、单项选择题（下列各题的备选答案中，只有一个是正确的，请将正确答案的字母填在括号内）

1.如果企业月末在产品数量较多，各月在产品数量变化较大，产品成本中直接材料和直接人工等加工成本的比重相差不大，月末生产费用在完工产品和在产品之间分配可采用的方法是（ ）。

A.不计算在产品成本法

B.约当产量比例法

C.在产品成本按固定成本计算法

D.在产品成本按所耗直接材料成本计价法

2.下列各项属于材料费用分配方法的是（ ）。

A.约当产量比例法　　B.定额消耗量比例分配法

C.生产工时比例分配法　　D.直接分配法

3.企业产品成本中原材料费用所占比重较大，生产开始时原材料一次性投入，月末在产品数量变化较大的情况下，月末在完工产品和在产品之间分配生产费用可采用的方法是（　　）。

A.在产品成本按年初固定成本计价法

B.在产品按所耗原材料费用计价法

C.定额比例法

D.约当产量比例法

4.原材料若是在生产开始时一次性投入的，则原材料费用可以按完工产品与月末在产品的（　　）比例分配。

A.定额费用　　B.定额工时

C.按完工率计算的约当产量　　D.实际数量

5.在计算完工产品成本时，如果不计算在产品成本，则必须具备的条件是（　　）。

A.各月末在产品数量很少　　B.各月末在产品数量比较稳定

C.定额管理基础较好　　D.各月末在产品数量较大

6.假定某企业生产甲产品，本月完工300件，月末在产品为200件，在产品完工程度为50%；月初和本月发生的原材料费用共50 000元，原材料为生产开始时一次性投入，则完工产品和月末在产品的原材料费用分别为（　　）。

A.20 000元和30 000元　　B.30 000元和20 000元

C.37 500元和12 500元　　D.12 500元和37 500元

7.假定某企业生产甲产品的工时定额为10小时，经两道工序完成，每道工序的定额工时分别为8小时和2小时，则第二道工序的完工程度是（　　）。

A.60%　　B.80%　　C.90%　　D.100%

8.采用约当产量比例法计算完工产品和在产品成本时，假设原材料不是在生产开始时一次性投入的，而是分工序在开始时一次性投入的。原材料消耗定额为：第一道工序60千克；第二道工序40千克。则第二道工序在产品的投料率为（　　）。

A.60%　　B.80%　　C.90%　　D.100%

9.采用约当产量比例法计算在产品成本时，影响在产品成本准确性的关键因素是（　　）。

A.在产品的数量　　B.在产品的完工程度

C.完工产品的数量　　D.废品的数量

10.分配加工费用时所采用的在产品完工率是指产品（　　）与完工产品工时定额的比率。

A.所在工序的工时定额

B.前道各工序工时定额与所在工序工时定额之半的合计数

C.所在工序的累计工时定额

D.所在工序的工时定额之半

11.下列各项不属于完工产品与月末在产品之间分配费用的方法是（　　）。

A.约当产量比例法　　B.不计算在产品成本法

C.计划分配率法　　D.定额比例法

12.在产品采用定额成本计价法计算时，其实际成本与定额成本之间的差异应计入（　　）。

A.在产品成本　　B.营业外支出　　C.完工产品成本　　D.期间费用

二、多项选择题（下列各题的备选答案中，有两个或两个以上的答案是正确的，请将正确答案的字母填在括号内）

1.下列各项属于在完工产品与在产品之间分配生产费用的方法的有（　　）。

A.不计算月末在产品成本法　　B.直接分配法

C.一次交互分配法　　D.约当产量比例法

2.在产品盘亏时，查清原因经批准后可能借记的账户有（　　）。

A.“制造费用”　　B.“营业外支出”

C.“营业外收入”　　D.“其他应收款”

3.约当产量比例法的适用条件包括（　　）。

A.在产品数量较多　　B.各个成本项目所占比重相差大

C.各项在产品数量变化大　　D.各个成本项目所占比重相差不大

4.采用约当产量比例法计算在产品成本时，需要按完工程度确定在产品约当产量进行分配的生产费用有（　　）。

A.材料费用　　B.工资费用　　C.福利费　　D.制造费用

5.采用在产品成本按年初固定成本计价法应具备的条件有（　　）。

A.月末在产品数量多，但各月变化不大

B.月末在产品数量多且各月变化较大

C.月末在产品数量很小

D.月初、月末在产品数量变化不大

6.下列各项中，属于企业在确定生产费用在完工产品与在产品之间进行分配的方法时应考虑的具体条件的有（　　）。

A.在产品数量的多少　　B.定额管理基础的好坏

C.各项成本比重的大小　　D.各月在产品数量变化的大小

7.在约当产量比例法下，应（　　）测定在产品完工程度。

A.分工序　　B.分完工数量

C.分成本项目　　D.分生产周期

8.分配计算完工产品和月末在产品成本时，采用在产品成本按定额成本计价法应具备的条件有（　　）。

A.月末在产品数量变化较大　　B.产品的消耗定额比较稳定

C.月末在产品数量变化较小　　D.产品的消耗定额比较准确

9.下列各项费用的分配适合采用约当产量比例法的有（　　）。

A. 管理费用　　B. 一次性投入的原材料费用
C. 工资等加工费用　　D. 随生产进度陆续投料的原材料费用

10. 下列各项属于完工产品成本与在产品成本同时确定的方法的有（　　）。
A. 在产品成本按年初固定成本计价法
B. 定额比例法
C. 约当产量比例法
D. 在产品成本按完工产品成本计算法

11. 本月发生的加工费用不计入月末在产品成本的方法包括（　　）。
A. 不计算在产品成本法
B. 定额成本法
C. 在产品成本按所耗原材料费用计价法
D. 在产品成本按完工产品成本计算法

12. 定额比例法的分配标准是指产品的（　　）。
A. 原材料定额消耗总量　　B. 原材料定额总成本
C. 工时定额消耗总量　　D. 定额总费用

三、判断题（正确的打“√”，错误的打“×”）

1. 各月末在产品数量变化不大的产品，可以不计算月末在产品成本。（　　）

2. 月末在产品成本按年初固定成本计价法适用于在产品数量较小，或者在产品数量虽大但各月之间在产品数量变动不大，月初、月末在产品成本的差额不大，算不算各月在产品成本的差额对完工产品成本的影响不大的产品。（　　）

3. 任何企业都可以采用定额成本法在完工产品和在产品之间分配生产费用。（　　）

4. 某工序在产品完工率 =（本工序工时定额 + 前面各工序累计工时定额之和×50%）÷产品工时定额。（　　）

5. 某产品的生产费用在完工产品与在产品之间分配时采用在产品成本按年初固定成本计价法，则该产品12月份发生的生产费用总和等于该产品当月的完工产品成本。（　　）

6. 生产费用在完工产品与在产品之间进行分配采用约当产量比例法时，分配原材料费用的完工率与分配工资及福利费等加工费用的完工率总是一致的。（　　）

7. 约当产量就是指月末在产品的完工百分比。（　　）

8. 产品多工序生产时，某道工序完工率等于某道工序累计工时定额与工时定额之比。（　　）

9. 无论采用哪种方法在完工产品与在产品之间分配生产费用都必须正确组织和加强在产品的收发存核算，取得期末在产品结存数量资料。（　　）

四、技能训练

（一）

【目的】练习按不计算在产品成本法在完工产品与在产品之间分配生产费用。

【资料】某公司生产的A产品由于月末在产品数量很少，不需计算月末在产品成本。本月发生的生产费用为：原材料25 000元，工资及福利费8 000元，制造费用3 000元。本月完工产品数量为1 000件，月末在产品数量为5件。

【要求】计算A产品的完工产品总成本和单位成本。

（二）

【目的】练习在产品成本按年初固定成本计价法在完工产品与在产品之间分配生产费用。

【资料】某公司生产的B产品每月月末在产品数量较大，但各月在产品数量变化不大，在产品按年初固定数计算。本月初在产品成本为：原材料12 000元，工资及福利费3 000元，燃料2 000元，制造费用1 000元。本月发生的生产费用为：原材料25 000元，工资及福利费8 800元，燃料3 000元，制造费用2 000元。本月完工产品数量为2 000件，月末在产品数量为800件。

【要求】计算B产品的完工产品总成本和单位成本。

（三）

【目的】练习在产品成本按所耗原材料费用计价法在完工产品与在产品之间分配生产费用。

【资料】某公司生产的C产品的原材料费用在产品成本中所占比重较大，在产品按所耗原材料费用进行计算。材料在生产开始一次性投入，月初在产品材料成本为50 000元。本月发生的生产费用为：原材料120 000元，燃料和动力5 000元，工资及福利费6 000元，制造费用5 100元。本月完工产品数量为350件，月末在产品数量为150件。

【要求】计算C产品的完工产品总成本和单位成本，并计算C产品的月末在产品成本。

(四)

【目的】练习在产品投料率的计算。

【资料】某公司生产的D产品分两道工序完成，原材料在各工序开始时一次性投入。单位产品原材料消耗定额为80千克，第一道工序为50千克，第二道工序为30千克。

【要求】按原材料投入程度计算D产品在各工序的投料率。

(五)

【目的】练习在产品投料率的计算。

【资料】某公司生产的D产品分两道工序完成，原材料在各工序开始后陆续投入，单位产品原材料消耗定额为80千克，第一道工序为50千克，第二道工序为30千克。在产品在本工序原材料的消耗定额按50%计算。

【要求】按原材料投入程度计算D产品在各工序的投料率。

（六）

【目的】练习在产品完工率的计算。

【资料】某公司生产的D产品分两道工序完成，单位产品工时定额为50小时，其中第一道工序为10小时，第二道工序为40小时。每道工序在产品工时定额按本工序工时定额的50%计算。

【要求】计算D产品在各工序的完工率。

（七）

【目的】练习约当产量比例法。

【资料】某公司生产E产品，月初结存在产品100件，本月投产400件。月末结存在产品200件，完工程度为50%。原材料在开工时一次性投入。月初在产品成本及本月发生费用见表4-1。

表4-1　月初在产品成本及本月发生费用　单位：元

项 目	原材料	工资及福利费	制造费用	合 计
月初在产品成本	5 000	1 000	2 000	8 000
本月发生费用	15 000	4 000	6 000	25 000

【要求】采用约当产量比例法计算完工产品与月末在产品成本。

（八）

【目的】练习约当产量比例法。

【资料】某公司生产F产品，分两道工序完成，原材料是在每道工序生产开始时一次性投入的。单位产品原材料消耗定额为500千克，其中第一道工序为400千克，第二道工序为100千克。

单位产品工时定额为100小时，其中第一道工序为40小时，第二道工序为60小时，每道工序在产品工时定额按本工序工时定额的50%计算；本月共有完工产品800件，第一道工序在产品数量200件，第二道工序在产品数量100件。该产品月初及本月生产费用累计为：原材料费用106 000元，工资及福利费50 050元，制造费用45 500元。

【要求】采用约当产量比例法计算完工产品与月末在产品成本。

（九）

【目的】练习定额比例法。

【资料】某公司生产G产品。本月初在产品成本为：原材料8 000元，工资及福利费4 500元，制造费用1 500元。本月生产费用为：原材料20 800元，工资及福利费9 000元，制造费用3 000元。本月完工产品400件，月末在产品100件。单位材料定额：完工产品和在产品均为2元。完工产品单位工时定额为1小时，在产品单位工时定额为0.5小时。

【要求】采用定额比例法计算完工产品与月末在产品成本。

（十）

【目的】练习定额成本法。

【资料】某公司生产H产品，该产品月初和本月生产费用累计为：原材料费用80 000元，工资及福利费20 000元，制造费用5 000元。原材料在生产开始时一次性投入。单位产品原材料费用定额为500元。月末在产品数量为80件，定额工时共计2 000小时。每小时费用定额为：工资及福利费2元，制造费用1.5元。

【要求】采用定额成本法计算完工产品与月末在产品成本。

任务三　完工产品成本的结转

一、单项选择题（下列各题的备选答案中，只有一个是正确的，请将正确答案的字母填在括号内）

1. 下列各项完工产品生产成本计算公式正确的是（　　）。

A. 完工产品生产成本=期初在产品成本

B. 完工产品生产成本=期初在产品成本+本期生产费用总额

C. 完工产品生产成本=期初在产品成本-本期在产品成本

D. 完工产品生产成本=期初在产品成本+本期生产费用总额-期末在产品成本

2. 某企业只生产和销售甲产品，2020年4月1日在产品成本3.5万元。4月份发生如下费用：材料费用6万元，生产工人工资2万元，制造费用1万元，行政管理部门物料消耗1.5万元，专设销售机构固定资产折旧费0.8万元。月末在产品成本为3万元。该企业4月份完工甲产品的生产成本为（　　）万元。

A.9　　B.9.5　　C.8.3　　D.11.8

3. 本月完工入库产品一批，生产成本为30 000元，该业务的会计分录为（　　）。

A. 借：生产成本　30 000
　　贷：库存商品　30 000

B. 借：库存商品　30 000
　　贷：银行存款　30 000

C. 借：库存商品　30 000
　　贷：生产成本　30 000

D. 借：生产成本　30 000
　　贷：银行存款　30 000

4. 下列各项关于基本生产成本总账科目月末余额的说法，正确的是（　　）。

A. 借方余额是基本生产的在产品占用的生产资金

B. 没有余额

C. 余额方向可以是借方，也可以是贷方

D. 贷方余额是基本生产的在产品占用的生产资金

二、多项选择题（下列各题的备选答案中，有两个或两个以上的答案是正确的，请将正确答案的字母填在括号内）

1. 基本生产车间完工产品转出时，可能借记的账户有（　　）。

A.“低值易耗品” B.“原材料”

C.“辅助生产成本” D.“库存商品”

2.下列各项中，需要计算在产品完工率的有（ ）。

A.原材料在生产开始时一次性投入

B.原材料分别在各工序开始时一次性投入

C.原材料随着加工进度陆续投入，投入程度与加工进度一致

D.原材料随着加工进度陆续投入，投入程度与加工进度不一致

3.在某种产品月初、月末在产品数量不同的情况下，某月份计算产品成本时，能够使本月发生的费用等于本月完工产品成本的方法有（ ）。

A.计算在产品成本的方法

B.在产品成本按年初在产品成本计算的方法

C.约当产量法

D.定额成本法

4.按完工产品和月末在产品数量比例分配计算完工产品和在产品成本，必须符合的条件有（ ）。

A.在产品已近完工

B.原材料在生产开始时一次性投入

C.各项消耗定额比较准确

D.月末在产品已经加工完成，但尚未验收入库

三、判断题（正确的打“√”，错误的打“×”）

1.对于各月末在产品数量较少的企业，月末在产品成本可以忽略不计。（ ）

2.如果一项产品的原材料不是在生产开始时一次性投入，也不是随着加工进度陆续投入（原材料投入程度与加工进度或生产工时投入程度不一致），此时分配原材料费用的完工率按每一道工序的原材料消耗定额计算。（ ）

3.后边工序在产品多加工的程度可以弥补前边工序少加工的程度，所以全部在产品的完工程度可以按50%平均计算。（ ）

4.生产费用在完工产品和月末在产品之间分配的方法很多，企业可根据所生产产品的特点及管理情况而定。一旦采用某种方法，不应随意变动，以便不同时期的产品具有可比性。（ ）

5.采用在产品成本按所耗原材料费用计价法时，加工费用全部由完工产品承担。（ ）

6.采用约当产量法在完工产品和在产品之间分配原材料费用时，如果原材料是分工序在各工序开始时投入的，则在产品的数量按实际数量计算。（ ）

7.采用在产品成本按定额成本计价法时，月末在产品的定额成本与实际成本的差异全部由完工产品承担。（ ）

8.采用在产品成本按定额成本计价法时，由于技术进步、劳动熟练程度提高而降低了当月消耗定额以后，反而会使完工产品成本相对提高。（ ）

9. 在产品成本按定额成本计价法下完工产品和在产品都以定额成本反映。　（　）

10. 结转完工产品成本后，“基本生产成本”账户一定没有余额。　（　）

四、技能训练

【目的】掌握生产费用在完工产品与月末在产品之间分配的方法。

【资料】2020年10月，大明有限公司基本生产车间月初及本月发生的生产费用情况如下：A产品生产费用302 034元，其中：材料费用180 000元，人工费用45 881元，制造费用76 153元；B产品生产费用167 108元，其中：材料费用94 000元，人工费用29 596元，制造费用43 512元。A、B两种产品的材料均在生产开始时一次性投入。A产品需要经过三道工序，B产品只需要经过一道工序。

其他有关资料如下：

（1）产品工时定额表（见表4-2，每道工序在产品的工时定额按本道工序工时定额的50%计算）。

表4-2　产品工时定额表　单位：小时

产品名称	工时定额			
	第一道工序	第二道工序	第三道工序	合计
A产品	4	6	10	20
B产品	6			6

（2）月末，基本生产车间对A、B产品的月末在产品进行实地盘点，盘点结果见表4-3。

表4-3　月末在产品盘存表

2020年10月31日

品名	单位	在产品盘点数量			合计
		第一道工序	第二道工序	第三道工序	
A产品	件	20	40	40	100
B产品	件	80			80

（3）本月产品入库情况见表4-4。

表4-4　产品入库单

2020年10月31日

产品名称	单位	入库数量
A产品	件	900
B产品	件	1 920

【要求】

（1）采用约当产量法确定月末在产品其他费用的约当产量。

（2）在本月完工产品与月末在产品之间分配生产费用，确定月末在产品成本与完工产品成本，并填制产品成本计算单（见表4-5、表4-6）。

表4-5 产品成本计算单

产品名称：A产品 2020年10月 金额单位：元

成本项目		直接材料	直接人工	制造费用	合计
生产成本合计					
完工产品数（件）					
在产品	数量（件）				
	投料程度或完工程度（%）				
	约当产量（件）				
约当总产量（件）					
费用分配率					
在产品成本					
完工产品成本					

表4-6 产品成本计算单

产品名称：B产品 2020年10月 金额单位：元

成本项目		直接材料	直接人工	制造费用	合计
生产成本合计					
完工产品数（件）					
在产品	数量（件）				
	投料程度或完工程度（%）				
	约当产量（件）				
约当总产量（件）					
费用分配率					
在产品成本					
完工产品成本					

（3）编制完工产品入库的会计分录。

项目五

产品成本计算的基本方法

任务一　产品成本计算的品种法

一、单项选择题（下列各题的备选答案中，只有一个是正确的，请将正确答案的字母填在括号内）

1.区分各种产品成本计算基本方法的标志是（　　）。

A.成本核算对象　　B.要素费用的分配方法

C.成本计算期间　　D.在产品成本的计算方法

2.产品成本计算最基本的方法是（　　）。

A.品种法　　B.分批法

C.分步法　　D.分类法

3.品种法的产品生产成本明细账应按（　　）。

A.产品品种分别开设　　B.产品批别分别开设

C.生产步骤分别开设　　D.产品类别分别开设

4.品种法计算程序的第一个步骤是（　　）。

A.开设生产成本明细账　　B.归集和分配各项要素费用

C.归集和分配辅助生产成本　　D.归集和分配制造费用

5.制造业产品成本最终的核算账户是（　　）。

A.基本生产成本　　B.辅助生产成本

C.制造费用　　D.制造成本

二、多项选择题（下列各题的备选答案中，有两个或两个以上的答案是正确的，请将正确答案的字母填在括号内）

1.在确定产品成本计算方法时，应考虑的因素包括（　　）。

A.企业生产组织特点　　B.企业工艺过程特点

C.企业生产产品种类多少　　D.成本管理要求

2.受生产特点和管理要求的影响，成本核算对象的形式有（　　）。

A.产品品种　　B.产品批别

C.产品生产步骤　　D.产品类型

3.成本计算的基本方法有（　　）。

A.品种法　　B.分批法

C.分步法　　D.分类法

4.品种法是产品成本计算的最基本方法，其原因有（　　）。

A.品种法计算成本最简单

B.品种法的成本计算程序最有代表性

C.任何成本计算方法最终都要计算出各品种的产品成本

D.品种法需要按月计算产品成本

三、判断题（正确的打“√”，错误的打“×”）

1.制造业的生产按照工艺过程特点可以分为大量生产、分批生产和单件生产三种类型。（　）

2.由于每家企业最终都必须按照产品的品种计算出产品成本，因此，品种法是成本计算方法中最基本的方法。（　）

3.在大量大批多步骤生产的企业中，不能采用品种法计算产品成本。（　）

4.根据企业生产经营的特点和管理要求，单步骤、大量生产的产品一般采用品种法计算成本。（　）

5.所有多步骤生产企业的成本计算都必须采用分步法。（　）

6.品种法的成本计算期与会计报告期一致，与生产周期不一致。（　）

四、技能训练

【目的】掌握成本计算方法的品种法。

【资料】某公司为单步骤大量生产A、B两种产品的小型企业，设有一个基本生产车间和供电、机修两个辅助生产车间。企业采用品种法计算产品成本。企业制造费用按生产工时比例分配，生产成本采用约当产量比例法在完工产品与月末在产品之间分配。原材料在生产开始时一次性投入。2020年7月份有关成本核算资料见表5-1至表5-8。

（1）产品产量资料。

表5-1　产品产量表　单位：件

产品名称	月初在产品	本月投产	完工产品	月末在产品
A产品	50	300	250	100
B产品	30	90	100	20

（2）月初在产品成本。

表5-2　月初在产品成本表　单位：元

产品名称	直接材料	直接人工	制造费用	合计
A产品	82 000	16 235	1 837	100 072
B产品	61 870	8 200	1 675	71 745

（3）生产工时及月末在产品完工程度。

表5-3　生产工时及月末在产品完工程度表

产品名称	生产工时（小时）	在产品完工程度
A产品	50 000	50%
B产品	25 000	50%

（4）本月发出材料汇总表。

表5-4　　发出材料汇总表

2020年7月　　单位：元

领料部门及用途		A材料	B材料	合计
基本生产车间	A产品耗用	405 000		405 000
	B产品耗用	302 000		302 000
	A、B产品共同耗用		14 140	14 140
	车间一般耗用		1 050	1 050
	小　计	707 000	15 190	722 190
供电车间耗用		500		500
机修车间耗用			600	600
厂部管理部门耗用		450	350	800
合　计		707 950	16 140	724 090

A、B产品共同耗用的材料费用按本月产品直接耗用材料比例分配。

（5）本月职工薪酬结算汇总表。

表5-5　　职工薪酬结算汇总表

2020年7月　　单位：元

部门		金额
基本生产车间	产品生产工人	240 000
	车间管理人员	11 400
	小　计	251 400
供电车间		4 560
机修车间		3 990
厂部管理部门		22 800
合　计		282 750

产品生产工人薪酬按A、B产品生产工时比例分配。

（6）本月应提折旧费汇总表。

表5-6　　应提折旧费汇总表

2020年7月　　单位：元

部门	金额
基本生产车间	5 000
供电车间	1 000
机修车间	2 000
厂部管理部门	3 000
合　计	11 000

（7）本月用银行存款支付的费用汇总表。

表5-7 用银行存款支付的费用汇总表

2020年7月 单位：元

部门	财产保险费	办公费	水费	合计
基本生产车间	2 300	3 657	2 678	8 635
供电车间	600	1 200	1 600	3 400
机修车间	400	440	298.5	1 138.5
厂部管理部门	500	3 280	1 300	5 080
合　计	3 800	8 577	5 876.5	18 253.5

（8）辅助生产车间提供劳务数量汇总表。

表5-8 辅助生产车间提供劳务数量汇总表

2020年7月

受益部门	供电车间（度）	机修车间（小时）
基本生产车间	16 500	1 500
供电车间	—	200
机修车间	1 500	—
厂部管理部门	5 000	550
合　计	23 000	2 250

【要求】

（1）开设“基本生产成本——A产品”“基本生产成本——B产品”明细账，并登记月初在产品成本；开设“制造费用——基本生产车间”明细账；开设“管理费用”明细账；开设“辅助生产成本——供电车间”“辅助生产成本——机修车间”明细账，见表5-9至表5-14。

表5-9 基本生产成本明细账

产品名称：A产品 单位：元

2020年		凭证		摘　要	借方	贷方	余额	直接材料	直接人工	制造费用
月	日	字	号							

表 5-10　　基本生产成本明细账

产品名称：B产品　　单位：元

2020年		凭证		摘　要	借方	贷方	余额	直接材料	直接人工	制造费用
月	日	字	号							

表 5-11　　制造费用明细账

车间名称：　　单位：元

2020年		凭证		摘　要	借方	贷方	余额	材料费	职工薪酬	折旧费	财产保险费	办公费	维修费	水费	电费	其他
月	日	字	号													

表 5-12 管理费用明细账

车间名称：

单位：元

2020年		凭证		摘　要	借方	贷方	余额	材料费	职工薪酬	折旧费	财产保险费	办公费	维修费	水费	电费	其他
月	日	字	号													

表 5-13 辅助生产成本明细账

车间名称：供电车间

单位：元

2020年		凭证		摘　要	借方	贷方	余额	材料费	职工薪酬	折旧费	财产保险费	办公费	水费	电费	其他
月	日	字	号												

表5-14　　　　　　　　　　辅助生产成本明细账

车间名称：机修车间　　　　　　　　　　　　　　　　　　　　单位：元

2020年		凭证		摘要	借方	贷方	余额	材料费	职工薪酬	折旧费	财产保险费	办公费	水费	电费	其他
月	日	字	号												

（2）编制各项要素费用分配表（见表5-15至表5-18），并根据费用分配表编制会计凭证、登记相关明细账。

表5-15　　　　　　　　　　材料费用分配表

2020年7月　　　　　　　　　　金额单位：元

应借科目			直接计入	间接计入		合计
总账科目	明细科目	成本或费用项目		分配率	分配额	
基本生产成本	A产品	直接材料				
	B产品	直接材料				
	小计					
辅助生产成本	供电车间	材料费				
	机修车间	材料费				
	小计					
制造费用	基本生产车间	材料费				
管理费用		材料费				
合计						

表5-16 **职工薪酬费用分配表**

2020年7月 金额单位：元

应借科目			直接计入	间接计入			合　计
总账科目	明细科目	成本或费用项目		生产工时（小时）	分配率	分配额	
基本生产成本	A产品	直接人工					
	B产品	直接人工					
	小　计						
辅助生产成本	供电车间	职工薪酬					
	机修车间	职工薪酬					
	小　计						
制造费用	基本生产车间	职工薪酬					
管理费用		职工薪酬					
合　计							

表 5-17

固定资产折旧费用分配表

2020年7月

单位：元

应借科目			金　额
总账科目	明细科目	费用项目	
辅助生产成本	供电车间	折旧费	
	机修车间	折旧费	
	小　计		
制造费用	基本生产车间	折旧费	
管理费用		折旧费	
合　计			

表 5-18

其他费用分配表

2020年7月

单位：元

应借科目			金　额
总账科目	明细科目	费用项目	
辅助生产成本	供电车间	财产保险费	
		办公费	
		水费	
		小计	
	机修车间	财产保险费	
		办公费	
		水费	
		小计	
制造费用	基本生产车间	财产保险费	
		办公费	
		水费	
		小计	
管理费用		财产保险费	
		办公费	
		水费	
		小计	
合　计			

（3）分配辅助生产费用（直接分配法），并根据辅助生产成本分配表（见表5-19）编制会计凭证、登记相关明细账。

表5-19 辅助生产成本分配表（直接分配法）

2020年7月 金额单位：元

辅助生产部门名称			供电车间	机修车间	合计
待分配费用					
供应辅助生产部门以外单位的劳务量					
费用分配率（单位成本）					
应借科目	制造费用	耗用劳务量			
		应分配金额			
	管理费用	耗用劳务量			
		应分配金额			
合　计					

（4）分配制造费用，并根据制造费用分配表（见表5-20）编制会计凭证、登记相关明细账。

表5-20　制造费用分配表

2020年7月　金额单位：元

应借科目		生产工时（小时）	分配率	分配金额
总账科目	明细科目			
基本生产成本	A产品			
	B产品			
合　计				

（5）编制成本计算单及产品成本汇总表（见表5-21至表5-23），并根据产品成本汇总表编制会计凭证、登记相关明细账。

表5-21　完工产品、在产品成本计算单

产品名称：　2020年7月　金额单位：元

成本项目		直接材料	直接人工	制造费用	合计
生产成本合计					
完工产品数（件）					
在产品	数量（件）				
	投料程度或完工程度（%）				
	约当产量（件）				
约当总产量（件）					
费用分配率					
在产品成本					
完工产品成本					

表 5-22 完工产品、在产品成本计算单

产品名称： 2020年7月 金额单位：元

<table>
<tr><th colspan="2">成本项目</th><th>直接材料</th><th>直接人工</th><th>制造费用</th><th>合计</th></tr>
<tr><td colspan="2">生产成本合计</td><td></td><td></td><td></td><td></td></tr>
<tr><td colspan="2">完工产品数（件）</td><td></td><td></td><td></td><td></td></tr>
<tr><td rowspan="3">在产品</td><td>数量（件）</td><td></td><td></td><td></td><td></td></tr>
<tr><td>投料程度或完工程度（%）</td><td></td><td></td><td></td><td></td></tr>
<tr><td>约当产量（件）</td><td></td><td></td><td></td><td></td></tr>
<tr><td colspan="2">约当总产量（件）</td><td></td><td></td><td></td><td></td></tr>
<tr><td colspan="2">费用分配率</td><td></td><td></td><td></td><td></td></tr>
<tr><td colspan="2">在产品成本</td><td></td><td></td><td></td><td></td></tr>
<tr><td colspan="2">完工产品成本</td><td></td><td></td><td></td><td></td></tr>
</table>

表 5-23 产品成本汇总表

2020年7月 金额单位：元

<table>
<tr><th colspan="2">应借科目</th><th>产量（件）</th><th>产品成本</th><th>直接材料</th><th>直接人工</th><th>制造费用</th><th>合计</th></tr>
<tr><td rowspan="4">库存商品</td><td rowspan="2">A产品</td><td rowspan="2"></td><td>总成本</td><td></td><td></td><td></td><td></td></tr>
<tr><td>单位成本</td><td></td><td></td><td></td><td></td></tr>
<tr><td rowspan="2">B产品</td><td rowspan="2"></td><td>总成本</td><td></td><td></td><td></td><td></td></tr>
<tr><td>单位成本</td><td></td><td></td><td></td><td></td></tr>
<tr><td colspan="2">总成本合计</td><td>—</td><td>—</td><td></td><td></td><td></td><td></td></tr>
</table>

任务二　产品成本计算的分批法

一、单项选择题（下列各题的备选答案中，只有一个是正确的，请将正确答案的字母填在括号内）

1.如果在同一时期内，在几张订单中有相同的产品，则计算成本时可以（　　）。

A.按订单分批组织生产　　B.将相同产品合为一批组织生产

C.按产品的组成部分分批组织生产　　D.按品种分批组织生产

2.分批法适用的生产组织形式是（　　）。

A.大量生产　　B.成批生产　　C.单件生产　　D.单件小批生产

3.采用简化的分批法，在产品完工之前，产品成本明细账（　　）。

A.只登记直接材料费用　　B.只登记间接费用，不登记直接费用

C.登记直接计入费用和生产工时　　D.登记间接费用和生产工时

4.累计间接费用分配率应用于（　　）。

A.品种法　　B.分批法　　C.简化的分批法　　D.分步法

5.下列各项不宜采用简化的分批法的情况是（　　）。

A.各月间接费用水平相差不大　　B.各月间接费用水平相差较大

C.月末未完工产品批量数较多　　D.投产批数繁多

二、多项选择题（下列各题的备选答案中，有两个或两个以上的答案是正确的，请将正确答案的字母填在括号内）

1.分批法和品种法的主要区别有（　　）。

A.会计核算期　　B.生产周期　　C.成本核算对象　　D.成本计算期

2.采用分批法时，下列各项可以作为一个成本核算对象的有（　　）。

A.同一订单中的不同种产品　　B.不同订单中的同种产品

C.同一订单中的同种产品　　D.一件大型复杂产品的某个组成部分

3.通常采用简化的分批法的情况有（　　）。

A.同一月份投产的产品批数很少　　B.各月间接费用水平相差不多

C.各月生产费用水平相差较大　　D.月末未完工产品的批数较多

4.下列各项关于累计间接费用分配率的说法，正确的有（　　）。

A.它是在各生产车间之间分配间接费用的依据

B.它是在各批次产品之间分配间接费用的依据

C.它是在某批次产品的完工产品与月末在产品之间分配间接费用的依据

D.它是在完工批别与月末未完工批别之间分配间接费用的依据

5.在简化的分批法下，基本生产成本二级账与产品成本明细账可以逐月核对的项目有（　　）。

A.月末在产品直接材料项目余额　　B.月末在产品生产工时项目余额
C.月末在产品直接人工项目余额　　D.月末在产品制造费用项目余额

三、判断题（正确的打“√”，错误的打“×”）

1.单件小批单步骤生产的企业应当采用品种法计算产品成本。（　）

2.分批法一般不需要在完工产品和期末在产品之间分配生产费用，但一批产品跨月陆续完工时，也需要进行分配。（　）

3.简化的分批法也称为“不分批计算在产品成本的分批法”。（　）

4.采用简化的分批法时，必须设立基本生产成本二级账。（　）

5.简化的分批法每月发生的各项间接费用不是按月在各批产品之间进行分配的，而是在产品完工时按完工产品累计生产工时比例分配的。（　）

6.采用累计间接费用分配法，在间接费用水平相差悬殊的情况下，会影响成本计算的准确性。（　）

四、技能训练

（一）

【目的】练习产品成本计算的分批法。

【资料】2020年企业根据客户订单小批组织生产，原材料均在生产开始时一次性投入，企业采用分批法计算成本。

（1）5月份产品投产及完工情况（见表5-24）。

表5-24　产品投产及完工情况表

产品批号	产品名称	开工日期	投产量（件）	本月完工情况	
				产量（件）	完工日期
150501	A产品	5月3日	20	20	5月28日
150502	B产品	5月17日	8	2	5月31日
150503	C产品	5月26日	10	—	—

（2）5月份各批号产品的生产费用情况（见表5-25）。

表5-25　本月各批号产品的生产费用表　单位：元

产品批号	直接材料	直接人工	制造费用	合 计
150501	33 600	23 500	28 000	85 100
150502	17 580	8 907	6 089	32 576
150503	46 000	30 500	19 800	96 300

150502批号B产品完工数量少，完工产品按计划成本结转。每件产品计划成本为：直接材料2 200元，直接人工620元，制造费用750元。

【要求】根据上述资料，采用分批法计算各批产品的完工产品成本和月末在产品成本，填入表5-26至表5-28中。

表5-26　基本生产成本明细账　金额单位：元

批号：　开工日期：　批量：

产品名称：　完工日期：　完工：

2020年		凭证		摘要	借方	贷方	余额	直接材料	直接人工	制造费用
月	日	字	号							

表5-27　基本生产成本明细账　金额单位：元

批号：　开工日期：　批量：

产品名称：　完工日期：　完工：

2020年		凭证		摘要	借方	贷方	余额	直接材料	直接人工	制造费用
月	日	字	号							

表5-28　基本生产成本明细账　金额单位：元

批号：　开工日期：　批量：

产品名称：　完工日期：　完工：

2020年		凭证		摘要	借方	贷方	余额	直接材料	直接人工	制造费用
月	日	字	号							

（二）

【目的】练习产品成本计算的简化分批法。

【资料】某工业企业小批生产多种产品，为了简化核算，采用简化的分批法计算成本。该企业6月份各批产品的资料见表5-29至表5-32。

（1）各批产品投产及完工情况。

表 5-29　产品投产及完工情况表

产品批号	产品名称	开工日期	投产量（件）	本月完工情况	
				产量（件）	完工日期
150501	A产品	5月7日	100	100	6月27日
150502	B产品	5月19日	40	40	6月20日
150503	A产品	5月22日	200	—	—
150504	C产品	5月24日	30	—	—
150602	D产品	6月10日	90	—	—

（2）各批产品生产工时情况。

表 5-30　产品生产工时情况表

产品批号	产品名称	月初累计工时（小时）	本月生产工时（小时）
150501	A产品	34 000	6 000
150502	B产品	28 000	4 000
150503	A产品	32 000	7 000
150504	C产品	6 000	5 000
150602	D产品	—	4 400
合　计		100 000	26 400

（3）月初在产品成本。

表 5-31　月初在产品成本表　单位：元

产品批号	产品名称	直接材料	直接人工	制造费用	合计
150501	A产品	400 000			
150502	B产品	160 000			
150503	A产品	200 000			
150504	C产品	48 000			
合计		808 000	293 000	246 376	1 347 376

（4）本月发生的生产成本。

表 5-32　本月发生的生产费用表

2020年6月　单位：元

产品批号	产品名称	直接材料	直接人工	制造费用	合计
150602	D产品	250 000			
合　计		250 000	86 200	69 624	405 824

【要求】

（1）开设并登记基本生产成本二级账和各批产品成本明细账，见表5-33至表5-38。

表5-33　　基本生产成本二级账　　金额单位：元

2020年		凭证		摘　要	生产工时（小时）	直接材料	直接人工	制造费用	合计
月	日	字	号						
5	31	略		月末在产品					
6	30			本月发生额					
6	30			累计					
6	30			累计间接费用分配率					
6	30			转出完工产品成本					
6	30			月末在产品					

表5-34　　基本生产成本明细账　　金额单位：元

批号：　　开工日期：　　批量：

产品名称：　　完工日期：　　完工：

2020年		凭证		摘　要	生产工时（小时）	直接材料	直接人工	制造费用	合计
月	日	字	号						
5	31	略		月末在产品					
6	30	略		本月发生额					
6	30			累计生产成本及费用分配率					
6	30	略		转出完工产品成本					
				完工产品单位成本					

表 5-35 **基本生产成本明细账** 金额单位：元

批号： 开工日期： 批量：

产品名称： 完工日期： 完工：

2020年		凭证		摘要	生产工时（小时）	直接材料	直接人工	制造费用	合计
月	日	字	号						
5	31	略		月末在产品					
6	30	略		本月发生额					
6	30			累计生产成本及费用分配率					
6	30	略		转出完工产品成本					
				完工产品单位成本					

表 5-36 **基本生产成本明细账** 金额单位：元

批号： 开工日期： 批量：

产品名称： 完工日期： 完工：

2020年		凭证		摘要	生产工时（小时）	直接材料	直接人工	制造费用	合计
月	日	字	号						
5	31	略		月末在产品					
6	30	略		本月发生额					

表 5-37 **基本生产成本明细账** 金额单位：元

批号： 开工日期： 批量：

产品名称： 完工日期： 完工：

2020年		凭证		摘要	生产工时（小时）	直接材料	直接人工	制造费用	合计
月	日	字	号						
5	31	略		月末在产品					
6	30	略		本月发生额					

表 5-38　　基本生产成本明细账　　金额单位：元

批号：　　开工日期：　　批量：

产品名称：　　完工日期：　　完工：

2020年		凭证		摘　要	生产工时（小时）	直接材料	直接人工	制造费用	合计
月	日	字	号						
6	30	略		本月发生额					

（2）计算并登记累计间接费用分配率。

（3）计算各批完工产品成本。

任务三　产品成本计算的分步法

一、单项选择题（下列各题的备选答案中，只有一个是正确的，请将正确答案的字母填在括号内）

1.逐步结转分步法实际上就是各生产步骤间多个（　　）的连接应用。

A.品种法　　B.分批法　　C.分步法　　D.定额法

2.成本还原是从（　　）生产步骤的前一个生产步骤开始，将其耗用的上一步骤自制半成品的综合成本按照上一步骤完工半成品的成本构成还原成原始成本项目。

A.最前　　B.中间　　C.最后　　D.任意

3.在分步法中，半成品实物已转移，但不结转其成本的成本结转方式是（　　）。

A.逐步结转分步法　　B.综合结转分步法

C.分项结转分步法　　D.平行结转分步法

4.甲产品由三个生产步骤生产完成，企业采用逐步结转分步法计算产品成本。本月第一生产步骤转入第二生产步骤的生产成本为3 600元，第二生产步骤转入第三生产步骤的生产成本为5 200元。本月第三生产步骤发生的费用为2 600元（不包括上一生产步骤转入的成本），第三生产步骤月初在产品成本为600元，月末在产品成本为800元，本月该种产品的产成品成本为（　　）元。

A.2 400　　B.7 600　　C.10 400　　D.11 200

5.产品成本计算的分步法是（　　）。

A.分车间计算产品成本的方法

B.计算各步骤半成品和最后步骤产品成本的方法

C.按生产步骤计算产品成本的方法

D.计算产品成本中各步骤“份额”的方法

6.在平行结转分步法下，其完工产品与在产品之间的成本分配，是指下列（　　）之间的成本分配。

A.产成品与月末各生产步骤尚未加工完成的在产品

B.各生产步骤完工半成品与月末加工中的在产品

C.各步骤完工半成品与月末各生产步骤尚未完工的在产品

D.产成品与月末各生产步骤尚未加工完成的在产品和各生产步骤已完工但尚未最终完成的产品

7.采用平行结转分步法，第二生产步骤的广义在产品不包括（　　）。

A.第一生产步骤正在加工的在产品

B.第二生产步骤正在加工的在产品

C.第二生产步骤完工入库的半成品

D.第三生产步骤正在加工的在产品

8.采用平行结转分步法计算成本，不论半成品是在各生产步骤之间直接结转，还是通过半成品库收发结转，都（　　）科目进行总分类核算。

A.通过“自制半成品”　　B.不通过“自制半成品”

C.通过“库存商品”　　D.不通过“库存商品”

9.下列各项属于平行结转分步法优点的是（　　）。

A.能够提供各步骤的半成品成本资料

B.有利于加强各步骤的成本管理

C.有利于加强半成品的实物管理

D.各步骤可以同时计算产品成本，提高成本计算速度

10.下列各项适合采用平行结转分步法的是（　　）。

A.采掘企业　　B.纺织企业

C.冶金企业　　D.重型机械制造企业

11.采用逐步综合结转法计算产品成本时，当上一步骤完工的半成品全部转入下一步骤继续加工时，上一步骤成本计算单中的完工产品成本与下一步骤成本计算单中的“自制半成品”项目的本月发生额的关系是（　　）。

A.两者必然相等　　B.前者大于后者

C.后者大于前者　　D.没有必然联系

二、多项选择题（下列各题的备选答案中，有两个或两个以上的答案是正确的，请将正确答案的字母填在括号内）

1.在一般情况下，下列各项中需要采用逐步结转分步法的有（　　）。

A.大量大批连续式多步骤生产的企业

B.大量大批装配式多步骤生产的企业

C.有半成品对外销售的企业

D.需要考核半成品成本的企业

2.下列各项关于平行结转分步法的说法，正确的有（　　）。

A.不能提供各个步骤的半成品成本资料

B.成本结转工作量较大

C.在产品最终完工前，半成品成本不随实物转出而转出

D.能全面地反映各生产步骤的生产耗费水平

3.采用分步法计算产品成本时，月末要将归集的生产费用在完工产品与在产品之间进行分配，企业可采用的分配方法有（　　）。

A.约当产量比例法　　B.定额成本法

C.定额比例法　　D.生产工时比例法

4.下列关于成本计算分步法的表述中，正确的有（　　）。

A.平行结转分步法不能提供各个步骤半成品成本的资料

B.平行结转分步法不能更好地满足各步骤成本管理的要求

C.逐步结转分步法需要进行成本还原

D.逐步结转分步法适用于大量大批连续式复杂生产的企业

5.下列各项关于产品成本计算分步法的说法，正确的有（　　）。

A.逐步结转分步法能为半成品的实物管理和生产资金管理提供资料，平行结转分步法不能为半成品的实物管理和生产资金管理提供资料

B.逐步结转分步法下半成品成本随着半成品实物的转移而结转，平行结转分步法下半成品成本不随着半成品实物的转移而结转

C.逐步结转分步法下各步骤不能同时计算完工产品成本，成本计算的及时性差；平行结转分步法下各步骤能同时计算完工产品成本，成本计算的及时性强

D.平行结转分步法能全面反映各步骤完工产品所耗上一步骤半成品费用水平和本步骤加工费用水平

6.下列各项属于逐步结转分步法计算成本优点的有（　　）。

A.能提供各个生产步骤的半成品成本资料

B.能为各生产步骤在产品的实物管理和资金管理提供资料

C.能直接提供按原始成本项目反映的产成品成本资料

D.能全面反映各步骤产品的生产耗用水平

7.下列各项属于平行结转分步法特点的有（　　）。

A.不计算各步骤半成品的成本　　B.需要进行成本还原

C.在产品是指广义的在产品　　D.半成品实物转移但是成本不结转

8.采用逐步结转分步法，按半成品成本在下一步骤生产成本明细账中反映方式的不同可以分为（　　）。

A.综合结转　　B.逐步结转　　C.分项结转　　D.平行结转

三、判断题（正确的打"√"，错误的打"×"）

1.大量大批多步骤生产的企业都应该采用分步法计算成本。（　　）

2.无论采用何种成本计算方法，月末都需要将当月归集的生产费用在完工产品与在产品之间进行分配。（　　）

3.在实际工作中，采用分步法计算产品成本时的分步与产品的实际生产步骤应完全一致。（　　）

4.采用逐步分项结转与逐步综合结转并进行成本还原的计算结果是一致的，各成本项目的金额是相等的。（　　）

5.逐步结转分步法主要适用于按照成本管理的要求需要提供各个生产步骤半成品成本资料的企业。（　　）

6.逐步结转分步法有利于各步骤在产品的实物管理和成本管理。（　　）

7.综合结转分步法能够提供各生产步骤的半成品成本资料，而分项结转分步法却不能。（　　）

8.企业采用逐步结转分步法计算产品成本，为了反映原始成本项目，需要进行成本还原。（　　）

9.平行结转分步法半成品成本的结转与其半成品实物的流转相互分离。（　　）

10.平行结转分步法能够直接提供原始成本项目的资料。（　　）

11.在平行结转分步法下，产成品是指最后一个生产步骤的产品。（　　）

12.平行结转分步法各步骤不计算半成品成本。（　　）

13.逐步结转分步法与平行结转分步法是分步法计算产品成本的两种具体方法，两种方法计算出的产品成本应该是相等的。（　　）

14.成本还原就是将各生产步骤停留在以后步骤的半成品综合成本项目，分解还原为原来的成本项目。（　　）

四、技能训练

（一）

【目的】练习产品成本计算的综合结转分步法。

【资料】2020年8月某企业生产甲产品，分两个步骤分别在两个生产车间进行。该企业采用综合结转分步法计算产品成本。企业第一生产车间完工的A半成品交半成品仓库验收，第二生产车间从半成品仓库领用半成品A加工为甲产品。

该企业采用加权平均法计算发出半成品成本。相关资料见表5-39至表5-42。

（1）月初在产品定额成本资料。

表5-39　月初在产品定额成本

2020年8月　单位：元

生产车间	直接材料	半成品	直接人工	制造费用	合计
一车间	3 600	—	2 000	4 800	10 400
二车间	—	6 400	1 200	2 400	10 000

（2）本月生产费用资料。

表5-40　本月生产费用（不包括所耗半成品的成本）

2020年8月　单位：元

生产车间	直接材料	直接人工	制造费用	合计
一车间	14 000	8 000	9 800	31 800
二车间	—	5 600	12 100	17 700

（3）月末在产品定额成本资料。

表5-41　月末在产品定额成本

2020年8月　单位：元

生产车间	直接材料	自制半成品	直接人工	制造费用	合计
一车间	3 420	—	1 800	4 140	9 360
二车间	—	3 100	650	1 250	5 000

（4）本月仓库收发明细情况。

表5-42　仓库收发明细情况表

2020年8月　数量单位：件

半成品名称	期初余额		本月收入		本月发出	
	数量	金额（元）	数量	金额（元）	数量	金额（元）
A半成品	120	8 080	500		550	
甲产品			400			

【要求】

（1）计算A半成品和甲产品的成本，并进行相关的账务处理（见表5-43至表5-45）。

表5-43　　第一车间基本生产成本明细账

产品名称：A半成品　　单位：元

2020年		凭证		摘　要	借方	贷方	余额	直接材料	直接人工	制造费用
月	日	字	号							

表5-44　　自制半成品明细账

产品名称：A半成品　　金额单位：元

2020年		凭证		摘要	收入			发出			结存		
月	日	字	号		数量（件）	单价	金额	数量（件）	单价	金额	数量（件）	单价	金额

表 5-45　　第二车间基本生产成本明细账

产品名称：甲产品　　单位：元

2020年		凭证		摘　要	借方	贷方	余额	半成品	直接人工	制造费用
月	日	字	号							

（2）进行成本还原（见表5-46）。

表 5-46　　产品成本还原计算表

2020年8月　　金额单位：元

摘要	还原分配率	半成品	直接材料	直接人工	制造费用	合计
甲产品成本						
A半成品成本						
成本还原						
还原后产品总成本						
还原后单位成本						

（二）

【目的】练习产品成本计算的综合结转分步法。

【资料】2020年某企业生产W产品，该产品顺序经过第一、二、三加工步骤，各步骤生产完工的半成品通过半成品库收发（采用先进先出法计算发出半成品成本），原材料在第一步骤开工时一次性投入，各步骤月末在产品完工程度均为50%。企业采用综合结转分步法计算产品成本。该企业2020年3月份有关成本计算资料如下：

（1）产量资料见表5-47。

表5-47 产量资料

2020年3月 数量单位：件

生产步骤	月初在产品	本月投产量	本月完工产品	月末在产品
第一步骤（A半成品）	60	290	240	110
第二步骤（B半成品）	20	260	200	80
第三步骤（W产品）	90	180	250	20

（2）月初在产品成本资料见表5-48。

表5-48 月初在产品成本

2020年3月 单位：元

生产步骤	直接材料	半成品	直接人工	制造费用	合计
第一步骤（A半成品）	3 600	—	790	1 500	5 890
第二步骤（B半成品）	—	4 140	530	1 480	6 150
第三步骤（W产品）	—	18 450	7 200	4 050	29 700

（3）月初库存A半成品60件，其实际成本为8 700元；B半成品月初无库存。

（4）本月生产费用资料见表5-49。

表5-49 本月生产费用

2020年3月 单位：元

生产步骤	直接材料	直接人工	制造费用	合计
第一步骤（A半成品）	27 900	5 700	9 710	43 310
第二步骤（B半成品）	—	10 750	10 520	21 270
第三步骤（W产品）	—	21 400	19 350	40 750

【要求】

（1）根据以上资料，采用综合结转分步法计算产品成本，并进行相关的账务处理（见表5-50至表5-57）。

表 5-50　第一步骤基本生产成本明细账

产品名称：A半成品　　单位：元

2020年		凭证		摘　要	借方	贷方	余额	直接材料	直接人工	制造费用
月	日	字	号							

表 5-51　完工产品、在产品成本计算单

产品名称：A半成品　　2020年3月　　金额单位：元

成本项目		直接材料	直接人工	制造费用	合计
生产成本合计					
完工产品数（件）					
在产品	数量（件）				
	投料程度或完工程度（%）				
	约当产量（件）				
约当总产量（件）					
费用分配率					
在产品成本					
完工产品成本					

表 5-52 自制半成品明细账

产品名称：A半成品　　金额单位：元

2020年		凭证		摘要	收入			发出			结存		
月	日	字	号		数量（件）	单价	金额	数量（件）	单价	金额	数量（件）	单价	金额

表 5-53 第二步骤基本生产成本明细账

产品名称：B半成品 单位：元

2020年		凭证		摘 要	借方	贷方	余额	半成品	直接人工	制造费用
月	日	字	号							

表 5-54 完工产品、在产品成本计算单

产品名称：B半成品 2020年3月 金额单位：元

成本项目		半成品	直接人工	制造费用	合计
生产成本合计					
完工产品数（件）					
在产品	数量（件）				
	投料程度或完工程度（%）				
	约当产量（件）				
约当总产量（件）					
费用分配率					
在产品成本					
完工产品成本					

表5-55　　自制半成品明细账

产品名称：B半成品　　金额单位：元

2020年		凭证		摘要	收入			发出			结存		
月	日	字	号		数量（件）	单价	金额	数量（件）	单价	金额	数量（件）	单价	金额

表5-56　　第三步骤基本生产成本明细账

产品名称：W产品　　单位：元

2020年		凭证		摘　要	借方	贷方	余额	半成品	直接人工	制造费用
月	日	字	号							

表5-57　　完工产品、在产品成本计算单

产品名称：W产品　　2020年3月　　金额单位：元

成本项目		半成品	直接人工	制造费用	合计
生产成本合计					
完工产品数（件）					
在产品	数量（件）				
	投料程度或完工程度（%）				
	约当产量（件）				
约当总产量（件）					
单位成本					
在产品成本					
完工产品成本					

（2）对完工产品成本进行成本还原（见表5-58）。

表5-58　　产品成本还原计算表

2020年3月　　金额单位：元

摘要	还原分配率	半成品	直接材料	直接人工	制造费用	合计
W产品成本						
B半成品成本						
第一次成本还原						
A半成品成本						
第二次成本还原						
还原后产品总成本						
还原后单位成本						

（三）

【目的】练习产品成本计算的分项结转分步法。

【资料】2020年11月份某企业生产M产品，分两个步骤连续加工，第一步骤完工的半成品直接移送第二步骤继续加工。原材料在加工开始时一次性投入。企业采用分项结转分步法计算产品成本。企业2020年11月份有关成本计算资料如下：

（1）月初在产品成本资料见表5-59。

表5-59 月初在产品成本

2020年11月 单位：元

生产步骤	直接材料	直接人工	制造费用	合计
第一步骤（M半成品）	6 440	2 240	2 420	11 100
第二步骤（M产品）	6 525	2 235	2 540	11 300

（2）本月生产费用资料见表5-60。

表5-60 本月生产费用

2020年11月 单位：元

生产步骤	直接材料	直接人工	制造费用	合计
第一步骤（M半成品）	14 810	4 960	5 580	25 350
第二步骤（M产品）	—	4 000	6 200	10 200

（3）第一生产步骤本月完工M半成品375千克，月末在产品50千克，在产品完工程度为50%。按约当产量比例法计算完工半成品与月末在产品成本。

（4）第二生产步骤本月完工入库M产品400千克。按定额成本计算月末在产品成本。月末在产品定额成本见表5-61。

表5-61 月末在产品定额成本

2020年11月 单位：元

生产步骤	直接材料	直接人工	制造费用	合计
第二步骤（月末在产品）	4 875	1 685	1 940	8 500

【要求】根据以上资料，采用分项结转分步法计算产品成本，并进行相关的账务处理（见表5-62至表5-64）。

表5-62 第一步骤基本生产成本明细账

产品名称：M半成品 单位：元

2020年		凭证		摘 要	借方	贷方	余额	直接材料	直接人工	制造费用
月	日	字	号							

表5-63　　完工产品、在产品成本计算单

产品名称：M半成品　　2020年11月　　金额单位：元

成本项目		直接材料	直接人工	制造费用	合计
生产成本合计					
完工产品数（千克）					
在产品	数量（千克）				
	投料程度或完工程度（%）				
	约当产量（千克）				
约当总产量（千克）					
费用分配率					
在产品成本					
完工产品成本					

表5-64　　第二步骤基本生产成本明细账

产品名称：M产品　　单位：元

2020年		凭证		摘　要	借方	贷方	余额	直接材料	直接人工	制造费用
月	日	字	号							

（四）

【目的】练习产品成本计算的平行结转分步法。

【资料】某公司W产品的生产分三个步骤在三个生产车间内进行，一车间投入原材料加工成A半成品，二车间将A半成品加工成B半成品，三车间将B半成品加工成W产品。各步骤加工完成的半成品直接移送下一生产车间继续加工，原材料在一车间生产开始时一次性投入，各步骤的在产品在本步骤的完工程度均为50%。企业采用平行结转分步法计算产品成本。2020年5月份有关成本资料如下：

（1）产量资料见表5-65。

表5-65 产量资料

2020年5月　　数量单位：件

生产步骤	月初在产品（狭义在产品）	本月投产量	本月完工产品	月末在产品（狭义在产品）
第一步骤（A半成品）	80	340	400	20
第二步骤（B半成品）	60	400	360	100
第三步骤（W产品）	20	360	300	80

（2）月初在产品成本资料见表5-66。

表5-66 月初在产品成本

2020年5月　　单位：元

生产步骤	直接材料	直接人工	制造费用	合计
第一步骤（A半成品）	12 500	7 550	20 900	40 950
第二步骤（B半成品）	—	8 260	6 200	14 460
第三步骤（W产品）	—	15 650	9 280	24 930

（3）本月生产费用资料见表5-67。

表5-67　本月生产费用

2020年5月　单位：元

生产步骤	直接材料	直接人工	制造费用	合计
第一步骤（A半成品）	227 500	114 950	131 000	473 450
第二步骤（B半成品）	—	90 640	54 000	144 640
第三步骤（W产品）	—	59 150	48 520	107 670

【要求】根据以上资料，采用平行结转分步法计算产品成本，并进行相关的账务处理（见表5-68至表5-74）。

表5-68　第一步骤基本生产成本明细账

产品名称：A半成品　单位：元

2020年		凭证		摘　要	借方	贷方	余额	直接材料	直接人工	制造费用
月	日	字	号							

表5-69　第二步骤基本生产成本明细账

产品名称：B半成品　单位：元

2020年		凭证		摘　要	借方	贷方	余额	直接材料	直接人工	制造费用
月	日	字	号							

表5-70　　第三步骤基本生产成本明细账

产品名称：W产品　　额单位：元

2020年		凭证		摘　要	借方	贷方	余额	直接材料	直接人工	制造费用
月	日	字	号							

表5-71　　完工产品、在产品成本计算单

产品名称：W产品（第一步骤）　　2020年5月　　单位：元

成本项目		直接材料	直接人工	制造费用	合计
生产成本合计					
完工产品数（件）					
在产品	数量（件）				
	投料程度或完工程度（%）				
	约当产量（件）				
约当总产量（件）					
单位成本					
在产品成本					
应转入产品成本的份额					

表5-72　　完工产品、在产品成本计算单

产品名称：W产品（第二步骤）　　2020年5月　　单位：元

成本项目		直接人工	制造费用	合计
生产成本合计				
完工产品数（件）				
在产品	数量（件）			
	投料程度或完工程度（%）			
	约当产量（件）			
约当总产量（件）				
单位成本				
在产品成本				
应转入产品成本的份额				

表5-73　　完工产品、在产品成本计算单

产品名称：W产品（第三步骤）　　2020年5月　　金额单位：元

成本项目		直接人工	制造费用	合计
生产成本合计				
完工产品数（件）				
在产品	数量（件）			
	投料程度或完工程度（%）			
	约当产量（件）			
约当总产量（件）				
单位成本				
在产品成本				
应转入产品成本的份额				

表5-74 完工产品成本汇总表

产品名称：W产品　　2020年5月　　金额单位：元

项目		直接材料	直接人工	制造费用	合计
应转入产品成本的份额	第一步骤				
	第二步骤				
	第三步骤				
总成本					
单位成本（完工产品300件）					

项目六

产品成本计算的辅助方法

项目六

产品成本核算的辅助方法

任务一 产品成本计算的分类法

一、单项选择题（下列各题的备选答案中，只有一个是正确的，请将正确答案的字母填在括号内）

1.在产品的品种、规格繁多的工业企业中，能够简化成本计算工作的方法是（ ）。

A.定额法 B.分步法 C.分类法 D.分批法

2.产品成本计算分类法的成本核算对象是（ ）。

A.产品类别 B.产品品种 C.产品规格 D.产品加工步骤

3.联产品在分离前计算出的总成本称为（ ）。

A.直接成本 B.间接成本 C.联合成本 D.分项成本

4.在分类法下，在计算同类产品内不同产品的成本时，对于类内产品发生的各项费用（ ）。

A.只有直接计入费用才需直接计入各种产品成本

B.只有间接计入费用才需分配计入各种产品成本

C.直接计入费用直接计入各种产品成本，间接计入费用分配计入各种产品成本

D.无论直接计入费用，还是间接计入费用，都需采用一定的方法分配计入各种产品成本

5.企业在生产主要产品的过程中附带生产出来的一些次要产品称为（ ）。

A.联产品 B.等级品 C.副产品 D.次品

6.产品成本计算的分类法适用于（ ）。

A.品种、规格繁多的产品

B.可按一定标准分类的产品

C.品种、规格繁多并可按一定标准分类的产品

D.大量大批生产的产品

7.当副产品的售价不能抵偿其销售费用时，副产品的成本可以（ ）。

A.按计划单位成本计价

B.不计价

C.按实际单位成本计价

D.按售价减去按正常利润率计算的销售利润后的余额计价

二、多项选择题（下列各题的备选答案中，有两个或两个以上的答案是正确的，请将正确答案的字母填在括号内）

1.采用分类法计算产品成本的优点有（ ）。

A.可以简化成本计算工作

B.可以分类掌握产品成本情况

C.可以使产品成本的计算结果更为准确

D.便于成本日常控制

2.采用系数法，应在同类产品中选择一种产品作为标准产品，该标准产品的确定应具备的条件有（　　）。

A.产量较大　　B.售价比较稳定

C.成本较高　　D.生产比较稳定

3.可以或者应该采用分类法计算成本的产品有（　　）。

A.联产品

B.部分等级产品

C.副产品及零星产品

D.品种、规格繁多，但可按一定标准进行分类的产品

4.在分类法下，同类产品内各种产品之间分配费用的标准通常有（　　）。

A.产品体积　　B.定额费用　　C.产品售价　　D.定额消耗量

5.在实际成本计算工作中，可以采用分类法的企业有（　　）。

A.食品企业　　B.鞋帽生产企业

C.针织企业　　D.有联产品的化工企业

三、判断题（正确的打“√”，错误的打“×”）

1.联产品和等级品都是使用相同的原材料，经过相同的生产过程生产出来的不同品种的产品。（　　）

2.在实际工作中，分类法要根据各类产品的工艺特点和管理要求，与品种法、分批法或分步法结合应用。（　　）

3.用分类法计算出的类内各种产品的成本具有一定的假定性。（　　）

4.按照系数分配计算类内各种产品成本的方法，是一种简化的分类法。（　　）

5.主产品与联产品、副产品不能合为一类产品计算成本。（　　）

四、技能训练

（一）

【目的】练习分类法下直接材料费用的分配。

【资料】某公司采用分类法进行产品成本计算。I类产品有A、B、C三个品种，A产品为标准产品。类内原材料费用的分配方法是以定额费用系数为标准，I类完工产品总材料费用为12 640元。产量及原材料费用定额见表6-1。

表6-1　产量及原材料费用定额

产品名称	产量（件）	单位产品原材料费用定额（元）
A产品	400	240
B产品	600	312
C产品	300	216

【要求】计算I类产品中各产品的单位系数，并分配直接材料费用。

（二）

【目的】练习产品成本计算的分类法。

【资料】某公司大量生产A、B、C三种产品。这三种产品的原材料和工艺过程相近，因而归为一类产品采用分类法计算成本，月末在产品按定额成本计价。2020年7月在产品的定额总成本及生产费用见该类产品成本明细账（见表6-2）。

该公司类内各种产品成本的分配方法是：直接材料费用按用料系数比例分配，其他各项费用按定额工时比例分配。公司规定以A产品为标准产品。A产品用料系数为1，B产品用料系数为0.60，C产品用料系数为1.52。工时消耗定额为：A产品10小时，B产品12小时，C产品18小时。本月完工产品的产量为：A产品2 000件，B产品4 000件，C产品5 000件。

【要求】

（1）登记该类产品成本明细账（见表6-2）。

表6-2　该类产品成本明细账　单位：元

2020年		摘要	直接材料	直接人工	制造费用	合计
月	日					
7	1	月初在产品成本（定额成本）	3 000	4 000	4 400	11 400
7	31	本月生产费用	35 400	36 000	45 600	117 000
7	31	累计生产费用				
7	31	完工转出产成品成本				
7	31	月末在产品成本（定额成本）	2 400	8 400	2 600	13 400

（2）编制类内各种产品成本计算表（见表6-3）。

表6-3 该类产品内各种产品成本计算表 金额单位：元

项目	产量（件）	直接材料费用系数	直接材料费用总系数	单位工时定额	定额工时	直接材料	直接人工	制造费用	合计	单位成本
费用分配率										
A产品										
B产品										
C产品										
合计										

任务二　产品成本计算的定额法

一、单项选择题（下列各题的备选答案中，只有一个是正确的，请将正确答案的字母填在括号内）

1.A产品的某些零件从本月初起修订原材料定额。A产品每件产品旧的原材料费用定额为20元，新的原材料费用定额为16元。A产品上月末在产品的原材料定额费用为5 000元。则本月初在产品定额变动差异为（　　）元。

A.1 250　　B.–1 250　　C.1 000　　D.–1 000

2.某企业采用盘存法计算定额原材料费用。甲产品有期初在产品30件，本月完工160件，期末在产品15件；甲产品原材料计划单位成本为10元，则本月定额原材料费用为（　　）元。

A.1 450　　B.1 600　　C.1 750　　D.1 900

3.定额成本与计划成本的关系是（　　）。

A.两者一样

B.两者无关系

C.前者是根据计划期内平均定额计算的，后者是根据现行定额计算的

D.前者是根据现行定额计算的，后者是根据计划期内平均定额计算的

4.原材料脱离定额差异是（　　）。

A.价格差异　　B.数量差异

C.原材料成本差异　　D.一种定额变动差异

5.在完工产品成本中，如果月初在产品定额变动差异是正数，则说明（　　）。

A.定额提高　　B.定额降低

C.定额和成本管理较好　　D.定额和成本管理有问题

6.在脱离定额差异的核算中，与制造费用脱离定额差异核算方法相同的是（　　）。

A.原材料　　B.自制半成品

C.生产工人计时工资　　　　　　D.生产工人计件工资

二、多项选择题（下列各题的备选答案中，有两个或两个以上的答案是正确的，请将正确答案的字母填在括号内）

1.原材料脱离定额差异的计算方法包括（　　）。

A.限额法　　B.年限法　　C.盘存法　　D.切割核算法

2.在定额法下，产品的实际成本是（　　）的代数和。

A.按现行定额成本计算的产品定额成本

B.脱离现行定额的差异

C.材料成本差异

D.月初在产品定额变动差异

3.计算和分析脱离定额成本差异主要包括（　　）。

A.直接材料脱离定额差异　　B.直接人工费用脱离定额差异

C.制造费用脱离定额差异　　D.管理费用脱离定额差异

4.采用定额法时，实际耗用原材料应负担的材料成本差异的计算方法有（　　）。

A.原材料定额耗用量乘以原材料的计划单价，再乘以材料成本差异率

B.原材料实际耗用量乘以原材料的计划单价，再乘以材料成本差异率

C.原材料计划价格乘以材料成本差异率

D.原材料定额费用与原材料脱离定额差异之和乘以材料成本差异率

5.在定额法下，产品的实际成本包括（　　）。

A.按现行定额计算的产品定额成本　　B.脱离现行定额差异

C.原材料或半成品成本差异　　D.月初在产品定额变动差异

6.下列各项有关定额法的表述，正确的有（　　）。

A.对产品成本进行事前控制的方法

B.有利于产品成本定期分析的方法

C.对生产费用脱离定额或计划的差异进行日常核算、分析和控制的方法

D.在计划成本基础上加减各种成本差异计算产品实际成本的方法

7.采用切割核算法计算原材料脱离定额差异时，在实际切割的毛坯数量（　　）。

A.大于应切割数量的情况下，超额回收的废料差异是有利差异

B.等于应切割数量的情况下，超额回收的废料差异是有利差异

C.小于应切割数量的情况下，超额回收的废料差异是有利差异

D.等于应切割数量的情况下，超额回收的废料差异是不利差异

三、判断题（正确的打“√”，错误的打“×”）

1.定额法与基本方法的区别在于，前者根据定额成本加减各种成本差异算出实际成本，因而便于进行产品成本的定期分析。（　　）

2.定额成本是企业降低成本的目标，是企业进行成本控制和考核的依据。（　　）

3.采用限额法时，在投产产品数量等于规定的产品批量，而且车间没有余料时，领

料或发料差异才是用料脱离定额的差异。（　　）

4. 在生产不止一种产品的车间或企业中，制造费用脱离定额的差异不能按照产品进行日常核算。（　　）

5. 在没有发生在产品盘盈盘亏且消耗定额也未调整的情况下，月初在产品定额工时与本月投入定额工时之和应等于本月完工产品定额工时与月末在产品定额工时之和。

（　　）

四、技能训练

（一）

【目的】练习定额法下完工产品和月末在产品的原材料费用的分配。

【资料】某产品采用定额法计算成本。2020年2月该种产品的原材料费用如下：月初在产品定额费用为830元；月初在产品脱离定额超支差异为20元；月初在产品定额费用调整，降低30元，定额变动差异由完工产品成本负担；本月定额费用为1 200元；本月脱离定额差异节约60元；本月原材料成本差异率超支5%，材料成本差异由完工产品成本负担；本月完工产品定额费用为1 600元。

【要求】

（1）计算月末在产品的原材料定额费用。

（2）计算本月完工产品和月末在产品的原材料实际费用（脱离定额差异在完工产品与月末在产品之间进行分配）。

（二）

【目的】练习定额法下完工产品和月末在产品的原材料费用的分配。

【资料】某生产车间A产品采用定额法计算成本。本月份有关A产品原材料费用如下：

（1）月初在产品原材料定额费用为1 000元，原材料脱离定额差异为节约147元，月初在产品原材料定额调整为降低100元，定额变动差异完全由完工产品成本负担。

（2）本月投产原材料定额费用为24 000元，原材料脱离定额差异为节约600元。

（3）本月原材料成本差异额为节约350元，原材料成本差异全部由完工产品成本负担。

（4）本月完工A产品原材料定额费用为22 000元。

【要求】计算完工产品和月末在产品的实际原材料费用。

（三）

【目的】练习定额法下完工产品成本的计算。

【资料】某公司生产A产品，采用定额法对完工产品和月末在产品的材料费用进行分配。月初在产品定额成本为1 000元，脱离定额差异为−10元；本月发生定额成本9 000元，脱离定额差异为+110元；本月有产成品85件，每件定额成本为100元，材料成本差异率为+2%。

【要求】计算产成品实际成本。

项目七

成本管理

任务一　成本管理指引

一、单项选择题（下列各题的备选答案中，只有一个是正确的，请将正确答案的字母填在括号内）

1. 成本管理在应用相关工具方法时，应权衡其为企业带来的收益和付出的成本，避免获得的收益小于其投入的成本，体现了成本管理的（　　）。

A. 融合性原则　　B. 适应性原则
C. 成本效益原则　　D. 重要性原则

2. 事中成本管理主要指（　　）。

A. 成本预测　　B. 成本计划
C. 成本控制　　D. 成本核算

3. 成本管理应重点关注对成本具有重大影响的项目，对于不具有重要性的项目可以适当简化处理，体现了成本管理的（　　）。

A. 融合性原则　　B. 适应性原则
C. 成本效益原则　　D. 重要性原则

二、多项选择题（下列各题的备选答案中，有两个或两个以上的答案是正确的，请将正确答案的字母填在括号内）

1. 成本管理领域应用的管理会计工具方法，一般包括（　　）。

A. 目标成本法　　B. 标准成本法
C. 变动成本法　　D. 作业成本法

2. 成本管理的制度体系包括建立（　　）。

A. 费用审报制度　　B. 定额管理制度
C. 责任成本制度　　D. 存货的验收制度

3. 成本管理的程序包括（　　）。

A. 事前管理　　B. 事中管理
C. 事后管理　　D. 三者都包括

4. 下列各项属于事前成本管理阶段内容的有（　　）。

A. 成本预测　　B. 成本决策　　C. 成本计划　　D. 成本核算

5. 事后成本管理阶段主要是在成本发生之后进行的（　　）等。

A. 成本核算　　B. 成本控制　　C. 成本分析　　D. 成本考核

三、判断题（正确的打“√”，错误的打“×”）

1. 成本管理，是指企业在营运过程中实施成本预测、成本决策、成本计划、成本控制、成本核算、成本分析和成本考核等一系列管理活动的总称。（　　）

2.成本预测是成本管理者根据预定的目标，对成本发生和形成过程以及影响成本的各种因素条件施加主动的影响或干预，把实际成本控制在预期目标内的成本管理活动。（　　）

任务二　成本管理工具

一、单项选择题（下列各题的备选答案中，只有一个是正确的，请将正确答案的字母填在括号内）

1.变动成本法中所指的成本是（　　）。

A.变动生产成本　　B.固定生产成本

C.变动非生产成本　　D.固定非生产成本

2.变动成本法的本质特征包括（　　）。

A.成本管理方法　　B.成本管理制度

C.成本管理法规　　D.成本管理工具

3.按成本习性，成本最终分为变动成本和（　　）。

A.制造成本　　B.固定成本　　C.混合成本　　D.非制造成本

4.变动成本法下的成本构成是（　　）。

A.制造成本+非制造成本　　B.固定成本+变动成本

C.生产成本+非生产成本　　D.生产成本+期间成本

5.“成本差异=实际成本-标准成本”，其中的“标准成本”的含义是（　　）。

A.单位产品标准消耗量　　B.单位产品标准成本

C.预算产量的标准成本　　D.实际产量的标准成本

6.根据其适用期间应该发生的价格、效率和生产经营能力利用程度等预计的标准成本称为（　　）。

A.理想标准成本　　B.现行标准成本

C.基本标准成本　　D.正常标准成本

7.依据理论上的业绩标准、生产要素的理想价格和可能实现的最高生产经营能力利用水平而制定的标准成本是（　　）。

A.基本标准成本　　B.理想标准成本

C.正常标准成本　　D.现行标准成本

8.甲公司制定成本标准时采用基本标准成本。出现下列情况时，不需要修订基本标准成本的是（　　）。

A.主要原材料的价格大幅度上涨

B.操作技术改进，单位产品的材料消耗大幅度减少

C.市场需求增加，机器设备的利用程度大幅度提高

D.技术研发改善了产品性能，产品售价大幅度提高

9.某公司生产单一产品，实行标准成本管理。每件产品的标准工时为3小时，固定制造费用的标准成本为6元/件，企业生产能量为每月生产产品400件。7月份公司实际生产产品350件，发生固定制造费用5 250元，实际工时为1 100小时。根据上述数据计算，7月份该公司固定制造费用效率差异为（　　）元。

A.100　　B.150　　C.200　　D.300

10.下列各项通常不属于生产部门责任的是（　　）。

A.直接人工工资率差异　　B.直接人工效率差异

C.直接材料用量差异　　D.变动制造费用效率差异

11.下列各项关于变动制造费用效率差异的计算公式中，正确的是（　　）。

A.变动制造费用实际数-变动制造费用预算数

B.（实际工时-标准产量标准工时）×变动制造费用标准分配率

C.（生产能量-实际工时）×变动制造费用标准分配率

D.（实际工时-实际产量标准工时）×变动制造费用标准分配率

12.某产品的变动制造费用每件标准工时为8小时，标准分配率为6元/小时。本月生产产品400件，实际使用工时3 400小时，实际发生变动制造费用21 000元。则变动制造费用效率差异为（　　）元。

A.-1 200　　B.1 200　　C.-1 500　　D.1 500

13.下列各项关于作业成本法的表述中，错误的是（　　）。

A.作业成本法的成本计算分为两个阶段，第一个阶段分配资源，第二个阶段分配作业

B.将成本分配到成本对象有成本追溯、动因分配和分摊三种形式

C.成本追溯比动因分配和分摊更加准确

D.资源消耗作业，作业消耗成本对象

二、多项选择题（下列各题的备选答案中，有两个或两个以上的答案是正确的，请将正确答案的字母填在括号内）

1.变动成本法下，期间成本是指（　　）。

A.变动生产成本　　B.固定生产成本

C.变动非生产成本　　D.固定非生产成本

2.成本按性态分类，最终将分为（　　）。

A.制造成本　　B.非制造成本　　C.固定成本　　D.变动成本

3.混合成本的分解方法有合同确认法及（　　）。

A.回归分析法　　B.高低点法

C.账户分析法　　D.技术测定法

4.变动成本法适用的企业有（　　）。

A.经常进行短期经营决策的企业

B.作业保持相对稳定的企业

C.生产规模大，产品服务种类多，固定成本分摊困难的企业

D.企业固定成本比重大，当产品更新换代的速度较快时，分摊计入产品成本的固定成本比重大，采用变动成本法可以正确反映产品盈利状况

5.下列各项关于目标成本法的说法中，正确的有（　　）。

A.采用目标成本法的企业以市场为导向

B.以目标售价、目标产量和目标利润为基础确定产品的目标成本

C.企业选用目标成本法，要求处于比较成熟的买方市场环境

D.企业应依据各责任中心的责任成本和成本控制标准，按照业绩考核制度和办法，定期进行成本管理业绩的考核与评价

6."标准成本"一词在实际工作中的含义有（　　）。

A.单位产品标准消耗量　　B.单位产品标准成本

C.预算产量的标准成本　　D.实际产量的标准成本

7.下列各项关于变动制造费用标准成本的说法中，正确的有（　　）。

A.变动制造费用的数量标准通常采用单位产品直接人工工时标准

B.变动制造费用的价格标准是每一工时变动制造费用的标准分配率

C.变动制造费用的价格标准是根据实际的变动制造费用和直接人工总工时计算求得的

D.用变动制造费用的数量标准和价格标准相乘，即可得出变动制造费用标准成本

8.下列各项会影响直接材料数量差异大小的有（　　）。

A.单位材料实际价格　　B.单位材料标准价格

C.实际产量下直接材料的标准耗用量　　D.实际产量下直接材料的实际耗用量

9.下列各项关于责任归属的表述中，正确的有（　　）。

A.直接材料数量差异通常由采购部门负责

B.直接人工效率差异通常由人事劳动部门负责

C.变动制造费用效率差异通常由生产部门负责

D.直接人工工资率差异通常由人事劳动部门负责

10.下列各项关于固定制造费用成本差异的计算式中，正确的有（　　）。

A.固定制造费用耗费差异=固定制造费用实际数-固定制造费用预算数

B.固定制造费用能量差异=（生产能量-实际工时）×固定制造费用标准分配率

C.固定制造费用闲置能量差异=固定制造费用预算数-固定制造费用标准成本

D.固定制造费用效率差异=（实际工时-实际产量标准工时）×固定制造费用标准分配率

11.甲公司生产甲产品，本月实际产量600件，实际发生固定制造费用2 500元，实际工时为1 250小时；企业生产能量为650件（1 300小时）；每件产品固定制造费用标准成本为4元/件，每件产品标准工时为2小时。下列各项表述正确的有（　　）。

A.固定制造费用耗费差异为-100元　　B.固定制造费用能量差异为200元

C.固定制造费用效率差异为100元　　D.固定制造费用闲置能量差异为200元

12.下列各项属于作业成本动因的有（　　）。

A.运输公里数　　B.机器的工作小时数

C. 一个产品消耗2个物料投入　　　　D.1次服务消耗1个采购运输

13. 下列各项关于成本动因的表述中，正确的有（　　）。

A. 成本动因分为资源成本动因和作业成本动因

B. 资源成本动因会影响单位作业成本金额，反映一项/一单位作业所消耗的资源

C. 作业成本动因引起产品成本变动，反映一个成本对象所消耗的作业

D. 企业应根据成本动因去分配所有的成本，包括直接成本

三、判断题（正确的打"√"，错误的打"×"）

1. 变动成本法是一种成本管理的法律制度。（　　）

2. 成本性态就是指在一定条件下成本总额对业务量总数的依存关系。（　　）

3. 变动成本是指成本总额与业务量总数成正比例增减变动关系的成本。（　　）

4. 固定成本是指在一定时期和一定业务量范围内，不受业务量增减变动影响的成本。（　　）

5. 变动成本法下，总成本=固定成本总额+变动成本总额。（　　）

6. 贡献毛益=销售收入总额-变动成本总额。（　　）

7. 贡献毛益率=贡献毛益÷销售收入×100%。（　　）

8. 变动成本率+边际贡献率=1。（　　）

9. 变动成本法更能适应企业长期决策的需要。（　　）

10. 变动成本法下的成本真正体现了成本的本质特征。（　　）

11. 目标成本法旨在将成本控制在较低的水平之内。（　　）

12. 反映标准成本差异的账户一律在借方登记有利差异，贷方登记不利差异。（　　）

13. 固定制造费用的三因素分析法，是将固定制造费用成本差异二因素分析法中的能量差异分解为闲置能量差异和效率差异两部分。（　　）

14. 标准成本法适用于产品品种较少的大批量生产企业，而单件、批量小的企业比较少用。（　　）

15. 操作疏忽造成废品和废料增加、工人用料不精心等原因均有可能造成材料价格差异。（　　）

16. 直接人工成本差异也被区分为"价差"和"量差"两部分，其中人工效率差异属于价差，工资率差异属于量差。（　　）

17. 不同的企业有着不同的作业成本库。（　　）

18. 在市场竞争激烈的差异化需求情况下，企业通常对于价格敏感度高的产品采用作业成本法进行核算。对于大米和珠宝这两种产品，企业应该针对大米采用作业成本法。（　　）

19. 作业成本法下，通常先将资源按照资源作业动因分配给作业，然后按照资源成本动因分配给产品。（　　）

20. 在作业成本法下，每项作业都会消耗企业所有类型的资源。（　　）

项目八

成本报表的编制与分析

任务一　成本报表的编制

一、单项选择题（下列各题的备选答案中，只有一个是正确的，请将正确答案的字母填在括号内）

1.成本报表属于内部报表，成本报表的种类、格式、项目、指标的设计和编制方法、编报日期、具体报送对象，（　　）。

A.由国家统一规定　　B.国家只做原则性规定

C.由上级主管部门规定　　D.由企业自行决定

2.可比产品是指（　　），有完整的成本资料可以进行比较的产品。

A.企业试制过　　B.企业正式生产过

C.国内其他企业试制过　　D.国内其他企业正式生产过

3.按照企业会计准则的规定，成本报表是（　　）。

A.对外报表　　B.对内报表（或称内部报表）

C.既是内部报表，也是对外报表　　D.对内还是对外由企业自行决定

4.产品生产成本表（　　）。

A.只反映可比产品生产成本　　B.只反映不可比产品生产成本

C.反映全部产品生产成本　　D.不反映可比产品生产成本

5.下列各项属于产品生产成本表（按成本项目反映）不能提供的资料的是（　　）。

A.本年发生的全部生产费用

B.本年全部产品生产成本

C.上年全部产品生产成本

D.本年全部产品按上年单位成本计算的总成本

二、多项选择题（下列各题的备选答案中，有两个或两个以上的答案是正确的，请将正确答案的字母填在括号内）

1.成本报表与对外会计报表相比，其特点有（　　）。

A.它不受外界因素影响

B.具有及时、灵活、实用的特点

C.具有综合性特点

D.与企业生产工艺特点和生产组织形式有密切关系

2.反映费用支出情况的成本报表有（　　）。

A.制造费用明细表　　B.销售费用明细表

C.管理费用明细表　　D.财务费用明细表

3.产品生产成本表的“单位成本”栏可以反映（　　）。

A.上年实际单位成本　　B.本年计划单位成本

C.本月实际单位成本　　D.本年累计实际平均单位成本

4.产品生产成本表（按产品种类反映）与产品生产成本表（按成本项目反映）的各项指标之间（　　）。

A.没有核对关系

B.虽有联系，但数字不一定相符

C.前者本月产品实际总成本与后者本月产品实际总成本核对相符

D.前者本年累计计划总成本和累计实际总成本与后者相应指标核对相符

5.按成本项目反映的产品生产成本表包括（　　）。

A.生产费用　　B.产品生产成本

C.产品单位成本　　D.产品实际产量

6.按产品种类反映的产品生产成本表包括（　　）。

A.实际产量　　B.单位成本

C.本月总成本　　D.本年累计总成本

7.下列各项属于编制成本报表的依据的有（　　）。

A.生产成本　　B.制造费用　　C.管理费用　　D.营业外支出

8.成本报表一般包括（　　）。

A.产品生产成本表　　B.主要产品单位成本表

C.制造费用明细表　　D.期间费用明细表

9.下列各项中，属于产品生产成本表（按产品种类反映）能够提供的资料的有（　　）。

A.按品种反映的上年实际单位成本　　B.按品种反映的本年实际单位成本

C.按品种反映的本年累计总成本　　D.按品种反映的上年累计总成本

10.下列各项属于产品生产成本表提供的信息的有（　　）。

A.按产品种类反映的上年实际平均单位成本

B.按成本项目反映的本月实际生产费用

C.按产品种类反映的本年累计实际总成本

D.按产品种类反映的本月和本年累计的实际产量

三、判断题（正确的打“√”，错误的打“×”）

1.成本报表是内部报表，主要为企业内部管理的需要而编制，不对外公布。（　　）

2.会计报表按其报送对象可以分为对外报表和对内报表两类。成本报表属于内部报表，不对外报送。（　　）

3.成本报表的格式是由国家有关部门统一规定的。（　　）

4.成本报表的填列方法和计算方法前后期应基本保持一致，不应该经常变动。（　　）

5.可比产品的实际成本降低额与降低率是将本期的实际单位成本同本年计划单位成本相比较而计算出来的。（　　）

6.主要产品单位成本表中的主要产品品种由企业自行确定，但一般应与产品生产成本表的主要产品品种相结合。（　　）

四、技能训练

【目的】练习产品生产成本表的编制。

【资料】某公司生产A、B、C三种产品，2020年12月有关产品成本资料汇总表见表8-1。

表8-1　产品成本资料汇总表

编制单位：某公司　　2020年12月　　金额单位：元

产品名称		可比产品		不可比产品
		A产品	B产品	C产品
产量（件）	本年计划	1 250	1 000	1 000
	本月实际	130	100	100
	本年累计	1 280	1 100	1 080
单位生产成本	上年实际	2 400	580	
	本年计划	2 350	560	600
	本月实际	2 200	568	590
	本年累计	2 250	565	595

【要求】根据上述资料编制产品生产成本表（见表8-2）。

表8-2　产品生产成本表（按产品种类反映）

编制单位：某公司　　2020年12月　　金额单位：元

产品名称	计量单位	实际产量		单位成本				本月总成本			本年累计总成本		
		本月	本年累计	上年实际平均	本年计划	本月实际	本年累计实际平均	按上年实际平均单位成本计算	按本年计划单位成本计算	本月实际	按上年实际平均单位成本计算	按本年计划单位成本计算	本年实际
		(1)	(2)	(3)	(4)	(5)=(9)÷(1)	(6)=(12)÷(2)	(7)=(1)×(3)	(8)=(1)×(4)	(9)	(10)=(2)×(3)	(11)=(2)×(4)	(12)
可比产品													
不可比产品													
合计													

任务二　成本分析

一、单项选择题（下列各题的备选答案中，只有一个是正确的，请将正确答案的字母填在括号内）

1.比较分析法是指通过指标对比，从（　　）上确定差异的一种分析方法。

A.数量　　B.质量　　C.价值量　　D.劳动量

2.连环替代法是用来计算几个相互联系的因素对综合经济指标变动（　　）的一种分析方法。

A.影响原因　　B.影响数量　　C.影响程度　　D.影响金额

3.将两个性质不同但相关的指标对比求出的比率称为（　　）。

A.构成比率　　B.动态比率　　C.效益比率　　D.相关指标比率

4.下列各项中，只适用于同质指标的数量对比的是（　　）。

A.比率分析法　　B.连环替代法　　C.比较分析法　　D.差额计算法

5.运用连环替代法时要正确确定各因素的（　　）。

A.重要程度　　B.详略程度　　C.排列顺序　　D.价值大小

6.技术经济指标变动对产品成本的影响主要表现在对（　　）的影响。

A.产品产量　　B.产品总成本

C.产品单位成本　　D.产品总成本和产品产量

7.在对可比产品成本降低计划完成情况的分析中，假定其他因素不变，单纯产量变动（　　）。

A.只影响成本降低额

B.只影响成本降低率

C.不影响成本降低额

D.既影响成本降低额又影响成本降低率

8.可比产品成本降低额是指可比产品累计实际总成本比按（　　）计算的累计总成本降低的数额。

A.本年计划单位成本　　B.上年计划单位成本

C.上年实际平均单位成本　　D.国内同类产品实际平均单位成本

9.差额计算法的计算程序是（　　）。

A.首先确定各因素的实际数与基数的差额

B.首先确定各因素对经济指标差异数的影响

C.首先确定各因素的分析方法

D.首先替换各个基数指标

10.某公司只生产一种产品。该产品上年实际总成本为50 000元，实际总产量为500件；本年实际总成本为66 000元，实际总产量为600件。本年可比产品成本降低额为

（　　）元。

A.16 000　　B.-16 000　　C.6 000　　D.-6 000

二、多项选择题（下列各题的备选答案中，有两个或两个以上的答案是正确的，请将正确答案的字母填在括号内）

1. 下列各项可以根据产品生产成本表（按成本项目反映）计算的有（　　）。
   A. 直接材料费用比率　　B. 制造费用比率
   C. 可比产品成本降低额　　D. 可比产品成本降低率
2. 影响可比产品成本降低额变动的因素有（　　）。
   A. 产品产量　　B. 产品价格
   C. 产品品种构成　　D. 产品单位成本
3. 影响可比产品成本降低率变动的因素有（　　）。
   A. 产品产量　　B. 产品价格
   C. 产品品种构成　　D. 产品单位成本
4. 单纯产品产量变动对可比产品成本降低计划完成情况的影响有（　　）。
   A. 使成本降低额增加或减少　　B. 成本降低额不变
   C. 使成本降低率升高或降低　　D. 成本降低率不变
5. 比较分析法由于分析者的目的不同，对比基数也有所不同，包括（　　）。
   A. 计划数（预算数）　　B. 定额数
   C. 以往年度同期实际数　　D. 国内外同行业先进水平
6. 单位产品成本项目变动原因分析包括（　　）。
   A. 直接材料分析　　B. 直接人工分析
   C. 制造费用分析　　D. 废品损失分析
7. 技术经济指标分析中常用的技术经济指标有（　　）。
   A. 材料利用率　　B. 劳动生产率
   C. 产品合格率　　D. 设备利用率
8. 下列各项属于相关指标比率的有（　　）。
   A. 销售成本率　　B. 产值成本率
   C. 成本费用利润率　　D. 制造费用比率
9. 下列各项属于构成比率的有（　　）。
   A. 直接材料费用比率　　B. 直接人工费用比率
   C. 制造费用比率　　D. 产值成本比率
10. 下列各项属于因素分析法的有（　　）。
   A. 比较分析法　　B. 比率分析法
   C. 连环替代法　　D. 差额计算法

三、判断题（正确的打“√”，错误的打“×”）

1. 可比产品成本降低额是指可比产品本年累计实际总成本比上年累计实际总成本降

低的数额。（　）

2. 填列可比产品成本降低率指标时，如果成本上升，应用负数填列。（　）

3. 制造费用明细表应根据“制造费用”总账科目所属各明细账的费用发生额分项汇总计算填列。（　）

4. 比较分析法的主要作用在于通过指标对比，从数量上揭示客观存在的差距，并为进一步分析指明方向。（　）

5. 比较分析法只适用于同质指标的数量对比。（　）

6. 相关指标比率是指某项经济指标的各个组成部分占总体的比重。（　）

7. 成本利润率是相关指标比率。（　）

8. 成本利润率是构成比率。（　）

9. 影响可比产品成本降低额指标变动的因素有产品产量和产品单位成本。（　）

10. 影响可比产品成本降低率指标变动的因素有产品产量、产品品种构成和产品单位成本。（　）

11. 假定产品品种构成和产品单位成本不变，单纯产量变动只影响可比产品成本降低额，而不影响可比产品成本降低率。（　）

12. 通过对比某一经济指标不同时期的构成比例变动，可以了解该项经济指标的增减速度和变动趋势。（　）

13. 采用比率分析法，先要把对比的数值变成相对数，求出比率，然后进行对比分析。（　）

14. 采用连环替代法，在测定某一因素变动的影响时，是以假定其他因素不变为条件的，即在其他因素不变的条件下，确定这一因素变动的影响程度。（　）

15. 比较分析法与比率分析法可以揭示指标变动的各种因素及影响程度。（　）

16. 技术经济指标变动对产品成本的影响主要表现为对产品单位成本的影响。（　）

17. 产量变动之所以影响产品单位成本，是由于在产品全部成本中包括了一部分变动费用。（　）

18. 产量变动之所以影响产品单位成本，是由于在产品全部成本中包括了一部分相对固定的费用。（　）

19. 为了分清企业或车间在降低成本方面的主观努力和客观因素影响，在评价企业成本工作时，应从实际成本中扣除客观因素和相关车间、部门工作的影响。（　）

20. 在分析各项费用计划的执行情况时，应根据费用的超支或节约做出评价。
（　）

21. 相关比率分析法是把两个性质相同但相互关联的指标加以比较，求得两个指标的比值，借以进行成本分析的方法。（　）

22. 在连环替代法中，因素排列顺序或替换顺序的改变会得出各因素对综合指标影响的不同结果，但各因素的影响结果相加仍等于总差异。（　）

23. 为了消除产量因素的影响，在按成本项目分析全部产品生产成本时，需要把产量固定在本年实际水平上。（　）

24. 企业产品品种结构的变化可能出现这样的特殊结果，即各种产品的成本降低率

都没有完成计划，但全部可比产品成本降低率却超额完成了计划。 （ ）

25.产品生产成本分析是将全部产品本年实际成本与全部产品计划总成本进行比较，计算降低率与降低额。 （ ）

四、技能训练

（一）

【目的】练习成本分析的比率分析法。

【资料】承本项目“任务一”的技能训练表8-1和表8-2的有关资料。

【要求】

（1）计算可比产品成本计划降低额和计划降低率。

（2）计算可比产品成本实际降低额和降低率。

（3）计算全部产品成本的降低额和降低率。

（二）

【目的】练习成本分析的连环替代法。

【资料】某公司原材料费用相关资料见表8-3，材料费用的实际数和计划数存在差异。

表8-3 原材料费用相关资料

项 目	计划数	实际数
产品产量（件）	100	115
单位产品材料消耗量（千克/件）	8	7
材料单价（元/千克）	5	6
材料费用总额（元）	4 000	4 830

【要求】运用连环替代法，分析各因素变化对差异的影响程度。

（三）

【目的】练习成本分析的差额计算法。

【资料】某公司A产品单位成本表中所列材料费用为：计划10 000元，实际10 450元；单位产品材料消耗为：计划50千克，实际55千克；材料单价为：计划200元，实际190元。

【要求】

（1）计算单位产品材料费用脱离计划的差异。

（2）采用差额计算法，计算材料消耗量和材料单价变动对材料费用的影响。

（四）

【目的】练习成本分析方法。

【资料】某公司按成本项目反映的产品生产成本表，以及有关成本核算资料见表8–4。

【要求】按成本项目进行全部产品成本的分析计算，将计算结果填写在表8–4中。

表8–4　　产品生产成本表（按成本项目反映）

编制单位：某公司　　2020年12月　　金额单位：元

成本项目	本年实际产量总成本		实际与计划的差异		各项差异对总成本影响的百分比（%）
	计划总成本	实际总成本	升降额	升降率（%）	
	（1）	（2）	（3）=（2）-（1）	（4）=（3）÷（1）	（5）=（3）÷（2）
直接材料	154 000	164 000			
直接人工	119 000	115 000			
制造费用	85 000	84 000			
总成本	358 000	363 000			

（五）

【目的】练习成本分析方法。

【资料】某公司A产品单位成本有关资料见表8–5。

表8–5　　A产品单位成本资料

编制单位：某公司　　2020年12月　　金额单位：元

成本项目	计划金额			实际金额		
直接材料	31			32		
直接人工	21			20		
制造费用	12			14		
合计	64			66		
主要技术经济指标	计划			实际		
	数量（千克）	单价	金额	数量（千克）	单价	金额
1.A材料	2	8	16	2	10	20
2.B材料	5	3	15	4	3	12
3.直接人工	6	3.5	21	5	4	20
4.制造费用	4	3	12	4	3.5	14

【要求】根据以上资料，对A产品单位产品成本项目进行分析。